老北京风情系列

年节习俗

赵华川·赵成伟～绘　袁树森～配文

文化藝術出版社
Culture and Art Publishing House

图书在版编目（CIP）数据

年节习俗 / 赵华川，赵成伟绘图；袁树森配文.
—北京：文化艺术出版社，2015.6
（老北京风情）
ISBN 978-7-5039-5997-4

Ⅰ.①年… Ⅱ.①赵… ②赵… ③袁… Ⅲ.①节日-
风俗习惯-介绍-北京市 Ⅳ.①K892.1

中国版本图书馆CIP数据核字（2015）第099922号

年节习俗（老北京风情系列）

绘　　图	赵华川　赵成伟	
配　　文	袁树森	
责任编辑	毛　忠	
装帧设计	顾　紫	
出版发行	文化艺术出版社	
地　　址	北京市东城区东四八条52号　（100700）	
网　　址	www.whyscbs.com	
电子邮箱	whysbooks@263.net	
电　　话	（010）84057666（总编室）84057667（办公室）	
	（010）84057691—84057699（发行部）	
传　　真	（010）84057660（总编室）84057670（办公室）	
	（010）84057690（发行部）	
经　　销	新华书店	
印　　刷	国英印务有限公司	
版　　次	2015年8月第1版	
印　　次	2015年8月第1次印刷	
印　　张	6.625	
字　　数	50千字	
开　　本	880 毫米×1230 毫米　1/32	
书　　号	ISBN 978-7-5039-5997-4	
定　　价	29.80元	

版权所有，侵权必究。如有印装错误，随时调换。

老北京不忘的乡愁

　　传统文化就是文明演化而汇集成的一种反映民族特质和风貌的民族文化，是民族历史上各种思想文化、观念形态的总体表征。习近平总书记在中央城镇化工作会议上对继承传统文化提出了要求："望得见山、看得见水、记得住乡愁"。老北京人儿时的记忆是北京传统文化的重要组成部分，是北京人不应忘记的"乡愁"。

　　时过境迁，早年间北京胡同里小贩悠扬的叫卖声，大杂院里亲如一家的邻里关系，五行八作的市井百态，充满欢乐的儿时游戏，已经难以见到了，但是那浓郁的乡土气息，却是令人难以忘怀的。因为这是早年间"天子脚下"老百姓真实的生活场景，从中映照出了居住在皇城根平民百姓的喜怒哀乐、思想感情。《儿时游戏》《年节习俗》《吃喝玩乐》《旧时行业》这四本画册，用感官的形式，配以京味儿的说明文字，把一幅幅老北京人的生活场景形象地展现了出来，看过之后，你会对老北京人的生活有一个大致的了解，觊觎这四本画册能够成为研究北京文化之人的参考资料。

赵成伟 袁树森
2015年5月

目录

2	接财神	46	剃龙头，挑龙须
4	踩岁	48	接宝贝儿
6	炕岁	50	吃薄饼
8	放鞭炮	52	照房梁
10	压岁钱	54	引龙回
12	拜年	56	敬惜字纸
14	借元宝	58	蟠桃宫
16	崩穷	60	清明
18	店铺开市	62	戴柳
20	咬春	64	踏青
22	新姑爷拜年	66	舍缘豆
24	走桥（走百病）	68	占卜放生
26	摸钉	70	放风筝
28	逛厂甸	72	茶棚
30	火判儿	74	朝金顶
32	冰灯	76	朝五顶
34	闹花灯	78	立夏粥
36	元宵花会	80	饮雄黄酒
38	猜灯谜	82	贴戎芦（挂菖蒲）
40	吃元宵	84	彩丝系虎
42	填仓	86	钟馗却灾
44	龙抬头	88	女儿节

90	吃粽子	134	放河灯
92	扬灾	136	买毛豆棵、鸡冠花
94	晾晒	138	拜月
96	看谷秀	140	兔儿爷
98	扫晴	142	送节礼
100	洗浴	144	接闺女
102	荷花市场	146	辞青登临
104	夏至面	148	赏菊
106	头伏饺子	150	请姑奶奶
108	祭马王	152	烧寒衣
110	夏至一九二九，扇不离手	154	九九消寒
112	三九二十七，吃茶如蜜汁	156	一九二九不出手
114	四九三十六，争向路头宿	158	三九四九冰上走
116	五九四十五，树头秋叶舞	160	五九六九抬头看柳
118	六九五十四，乘凉不入寺	162	七九河开河不开，八九燕来燕准来
120	七九六十三，入眠寻被单	164	九九加一九耕牛遍地走
122	八九七十二，被单添夹被	166	腊八粥
124	九九八十一，家家打炭墼	168	买对联
126	乞巧	170	买灯笼
128	葡萄架下	172	买年画
130	拜双星	174	买灶糖
132	莲花灯	176	买佛龛

178	祭窑神
180	丢百病
182	二十三灶王爷上天
184	二十四扫房子
186	二十五糊窗户
188	二十六割年肉
190	二十七杀公鸡
192	二十八把面发
194	二十九贴道酉
196	三十晚上守一宿
198	祭祖
200	团圆饭

正文

接财神

接财神

按照旧历，新的一年是从大年初一子时开始的。在新的一年里，家家户户都有好多的期盼，其中最大的期盼就是能够把日子过得更好一点儿。各种福禄都归天上的神仙掌管，大年初一天上的神仙要降临人间，老北京人在这时候要"接神"，把吉祥之神接进自己的家门，其中最重要的就要数财神了。因为有了钱才好过日子，而财神爷就是直接掌管钱财的神仙，所以老百姓对于财神爷极为敬重，大年初一"接神仙"主要就是接财神爷。

北京民间信奉的财神爷很多，有正财神赵公明、文财神比干、武财神关老爷，此外还有"五显财神"。在接财神的时候，老百姓不管你是哪位财神，反正都是掌管钱财的，就往自己的家里接。每家每户都怕财神爷被别人家给接走了，自己接不到，所以早早地就做好了准备，等候午夜子时的到来。午夜十二点，各家各户鞭炮齐鸣。各家各户过日子在别的地方可以节省，但是在接财神放鞭炮的时候却是尽其所能，似乎是谁家放得多，谁家的鞭炮响，就会引起财神爷的注意，而被谁家接走似的。相传财神爷来自东方，人们在鞭炮声中向东方望空叩拜，迎接财神爷的到来。然后高举着红色的灯笼，在前边给财神爷照明引路，把财神爷往自己家里接，以防止他老人家走错了路，串到了别人家里去。毕恭毕敬地把财神爷迎进自己家里之后，把财神爷的牌位（一般都是神码子）安排好了之后，拜年等其他的活动才开始。到了初二要祭祀财神，这一天人们一般是到财神庙去，烧香上供，这天晚上家家都要吃馄饨，因为馄饨状似元宝，故而称之为"元宝汤"，总之与财神爷有关。

踩岁

踩岁

什么叫"踩岁"呢？说白了，踩岁就是踩芝麻秸。芝麻秸是种植成熟后的芝麻植株去掉了籽粒之后，所剩余的秸秆。芝麻秸中空，晒干后很酥脆，一踩就碎，所以人们用其来"踩岁"，因为"岁"与"碎"谐音。每年一进了腊月，在北京的胡同里就有四郊的农民到城里来走街串巷卖芝麻秸。这些东西是农产品的剩余物，上面有许多毛，连牛羊都不喜欢吃，所以在农村，一般都把芝麻种植在路边、地头上。收割之后，人们取其籽粒用于榨油，做芝麻酱，剩下的秸秆除去烧火就没有别的用途了，不如挑到城里去卖上几个钱。因而，他们把芝麻秸晒干之后捆成小捆，以方便运输。一听见卖芝麻秸的吆喝声，几乎每一家都要买上一些，以备过年时"踩岁"之用。

到了三十晚上，一般的人家都要在自家院子里住房门前铺上一片芝麻秸，有钱的人家要把芝麻秸从住房门口一直铺到大门口去，出来的时候踩在上面"噼啪"作响。北京人为什么会有"踩岁"的习俗呢？"踩岁"即是"踩祟"，意思是在新的一年里，踩掉一切"邪祟"，达到幸福吉祥的目的。另外"踩岁"还有一重意思，芝麻开花节节高，踩芝麻秸是祈盼着自己家里的日子在新的一年里也是"节节高"，越过越好。有的人家还把芝麻秸挂在自家大门的门楣上，这也是祈盼自己家的日子"节节高"，越过越好的意思。凡是在大门口挂上芝麻秸的人家还有另外一重意思，叫作"忌门"，意思是这一家从大年初一到初五，不接待女客。要是有不识相的就会吃了"闭门羹"。

熰岁

煀岁

"煀（读ōu）岁"是老北京过大年时的一种习俗，与"踩岁"有异曲同工之妙。大年三十晚上，人们在自家院子里把松枝、柏叶、苍术等堆积起来，用小火慢慢地烧，在烧的时候不准见明火，要用"阴火"慢慢地烧，这种燃烧的方法叫作"煀"。其燃烧的速度很慢，一般要烧上整整一夜。"苍术"是一种生长在山坡上的野生植物，植株高30—50厘米，中医用其入药，主治风湿痹痛。人们之所以把这三种植物放在一起煀烧，是因为这三种植物都含有油性，易燃，虽然是用阴火煀烧，也不会熄灭。这些东西也都是四郊的农民在过年之前运到城里来卖的，有的挑着挑子，有的推着小车，上面堆满松柏枝、苍术，这些东西在郊区的山坡上有的是，采集来也不用花钱，卖到城里来赚几个钱花，过一个好年。

大年三十晚上，人们把松柏枝、苍术堆积在自家的院子里，点燃之后用东西压一下，明火就没有了，一点儿一点儿地阴烧，弄得满院子都弥漫在烟雾之中，随风飘起，升入空中，与别家煀岁燃起的烟雾混合在一起，如同香烟雾霭一般，弥漫在北京城的上空。烟雾虽然比较大，但是并不呛人，因为松柏枝具有清香的味道，苍术是中药，虽有烟雾，但是对人无害。北京人为什么要在大年三十晚上"煀岁"呢？"煀岁"就是为了烧掉"邪祟"，迎来吉祥，使自己家在新的一年里吉祥如意。在"煀岁"的时候，家里的大人不时地要看一下燃烧着的松柏枝，看看是否被风吹起了明火，如果出现了明火就要立刻压住，以防引发火灾。

放鞭炮

放鞭炮

"爆竹声中一岁除,春风送暖入屠苏。千家万户瞳瞳日,总把春桃换旧符。"宋代诗人王安石的一首《元日》形象地描绘出了过大年时的景象,吟唱了上千年。北京人过春节的活动十分丰富,其中放鞭炮是必不可少的一项。放鞭炮贺新春,在我国已经有两千多年的历史了。最早的爆竹,是指燃竹而爆,因竹子焚烧发出噼噼啪啪的响声,故称"爆竹"。后来人们用废纸把火药裹起来,点燃后火药变成气体,体积迅速膨胀,把包裹纸胀爆,发出巨大的声响。

过年为什么要燃放爆竹呢?这还是与驱邪除祟有关。当初人们燃竹而爆,是为了驱吓危害人们的山魈。据说山魈最怕火光和响声,所以每到除夕,人们便"燃竹而爆",把山魈吓跑。这样年复一年,便形成了过年放鞭炮、点红烛、敲锣打鼓欢庆新春的年俗。南朝梁宗懔《荆楚岁时记》上说:"正月一日……鸡鸣而起,先于庭前爆竹、燃草,以辟山臊恶鬼。"唐代刘禹锡《畲田行》中有"照潭出老蛟,爆竹惊山鬼"一句。燃放鞭炮可以增加喜庆气氛,因而北京人不只是到了春节才燃放爆竹,在买卖开张、盖房上梁、新婚之喜、祭祀神灵等喜庆之时,也都燃放爆竹。一是表示隆重,二是表示喜庆。燃放鞭炮有利也有弊,放鞭炮释放的烟尘,溅出的火星,容易造成环境污染,甚至引起火灾,一些烈性爆竹每年都会造成一些人员伤亡。为此,北京市曾先后实行过禁放、限放鞭炮。然而燃放鞭炮是一项古老的民俗传统,不放鞭炮就没有了年味儿,因而现在北京市已经规定在规定的时间、规定的地点之内,可以燃放鞭炮。

压岁钱

压岁钱

春节拜年时，长辈要将事先准备好的压岁钱分给晚辈，这种钱就叫作"压岁钱"。据说压岁钱可以压住邪祟，因为"岁"与"祟"谐音，晚辈得到了压岁钱，就可以平平安安度过一岁了。压岁钱有两种，一种是以彩绳穿钱编作龙形，置于床脚，此记载见于《燕京岁时记》："以彩绳穿钱，编作龙形，置于床脚，谓之压岁钱。尊长之赐小儿者。亦谓压岁钱。"另一种是最常见的，即由家长用红纸包裹着分给孩子的钱。压岁钱可在晚辈拜年后当众赏给，亦可在除夕夜孩子睡着时，由家长悄悄地放在孩子的枕头底下。清人吴曼云《压岁钱》的诗中云："百十钱穿彩线长，分来再枕自收藏，商量爆竹谈箫价，添得娇儿一夜忙。"现在长辈为晚辈分送压岁钱的习俗仍然盛行，压岁钱的数额从几十到几百不等，这些压岁钱多被孩子们用来购买图书和学习用品，新的时尚为压岁钱赋予了新的内容。民间认为分压岁钱给孩子，当恶鬼妖魔或"年"去伤害孩子时，孩子可以用这些钱贿赂它们而化凶为吉。此外，还有一种名副其实的压岁钱，是由晚辈给老人的，"岁"就是年岁、岁数。压岁，意在期盼老人长寿。

最早的压岁钱也叫厌胜钱，或叫大压胜钱，这种钱不是市面上流通的货币，是为了佩戴玩赏而专铸成钱币形状的避邪品。这种钱币形式的佩戴物品最早是在汉代出现的，有的正面铸有文字和各种吉祥语，如"千秋万岁""天下太平""去殃除凶"等；背面铸有各种图案，如龙凤、龟蛇、双鱼、斗剑、星斗等。到了宋代之后才逐渐演变成为以流通货币作为压岁钱。

拜年

拜年

拜年是老北京民间的传统习俗,是人们辞旧迎新、相互表达美好祝愿的一种方式。小辈出门谒见亲戚、朋友、尊长,以吉祥语向对方祝颂新年,卑幼者还要叩头致礼,谓之"拜年"。主人家则以点心、糖食、红包(压岁钱)热情款待之。遇有同辈亲友,也要施礼道贺。大年初一,人们都早早起来,打扮得整整齐齐,出门去走亲访友,进行拜年。拜年的方式多种多样,有的是同族长辈带领若干人挨家挨户地拜年;有的是同事相邀几个人去拜年;也有大家聚在一起相互祝贺,称为"团拜"。

拜年很有讲究,选择合适的时间乃拜年的第一要素。由于平时劳碌,年节期间人们一般起得较晚。若过早登门拜年,往往让主人措手不及。有人喜欢选择晚上拜年,一坐好几个小时,也难免影响主人休息。做客逗留时间一般以30—40分钟为宜,这样,既不失礼貌,又不影响主人接待其他客人,拜年时,若进门问声"新年好",旋即匆匆离去,会给人以"缺乏诚意"的感觉。礼物也应得体。给长辈、教师、师傅拜年时,应适当带点礼物。礼物既不宜太昂贵、豪华,又能"拿得出手"。拜年礼物还应讲究卫生,比如,别人送给自己的糕点,一般不宜转送他人,否则食品在"旅游"中难免会腐烂变质;给年迈或患病者拜年,所送的水果等应该有益于对方强身健体,以免造成浪费甚至引起误解。拜年时,邻里相坐、同学相逢、朋友相聚,皆应"过年言好事,出口称吉祥",纵然平日有所积怨,亦不应提起,至于聊侃时不谈粗俗之事,不讲无聊低级话题,就更是常识、常理了。

借元宝

借元宝

早年间在广安门外有一座"五显财神庙",每年的正月初二这里都有盛大的庙会活动。五显财神是何来历呢?说法多样,最普遍的说法是这五位财神的名字中都带有一个"显"字,因而称为"五显财神"。据《铸鼎余闻》记载,南齐柴姓五兄弟,老大名叫柴显聪,老二名叫柴显明,老三名叫柴显正,老四名叫柴显直,老五名叫柴显德,弟兄五人打猎为业,经常把吃不完的猎物送给贫穷百姓,深受人民爱戴,在他们去世后,民间尊他们为"五显财神"。在民间传说中,五显财神在唐代和宋代均显过灵,为民间消灾解难,因而多次受到皇帝的敕封。《新搜神记》则称"五显财神"为宋人萧永福的五个儿子。《清嘉录》则称五显神"姓顾,陈黄门侍郎野王之五子"。还有人认为"五显财神"是泰山之神的五个儿子转世。不管是谁,反正他是财神爷,老百姓就进行祭祀。

老北京的"五显财神"庙会极为热闹,大年初二大清早,人们就纷纷赶到财神庙去抢烧头灶香,据说是烧头灶香最吉利。人们为的是祈盼在新的一年里,发财进宝。早年间到"五显财神"庙来烧香有一种特殊的习俗,叫作"借元宝"。在财神庙的西配殿准备了许多用金银纸做成的纸元宝,所谓的"借",其实就是买,人们花钱买些纸元宝带回家去,意思是这些元宝是从财神爷那里"借"来的,财神爷希望得到加倍偿还,这样就会保佑"借"元宝的人发财了。除去借元宝之外还有许多习俗,例如敬香结束后,还要从财神庙里请一些写着"福""寿"字样的红绒花和剪金纸花带回家去,这也就是把"福"请回家了。

崩穷

崩穷

春节放鞭炮最热烈的两天,一是大年初一午夜子时接财神,二是正月初五"崩穷鬼",因而正月初五在民间过年民俗中是一个重要的节日。这天清晨天还没亮,人们就放起了鞭炮,霎时间鞭炮声就连成了片,像炒豆子似的,噼里啪啦,分不清点儿,其间还夹杂着"二踢脚"的声音,一直持续到天大亮。这一天,不管是穷人还是富人,不管是有钱还是没钱,都要放几挂鞭炮。因为,这天是"崩穷"的日子。

崩穷的传说来自姜太公封神,最后忘记封自己的老婆,只好想出一个"穷神"的名号送给老婆,让她"见破即归"。所以民间为了避开穷神,放鞭炮破之,也就是驱赶之意。人们也把这一天叫作"破五",唐代诗人姚合在《晦日送穷三首》中写道:"年年到此时,沥酒拜街中。万户千门看,无人不送穷。"看来"送穷"的习俗从唐代就有了。送走了旧的一年,迎来了新的一年,"穷"是人们的最怕,所以要崩走它。表现出一种驱邪迎祥的美好愿望。早年间老北京人十分重视"崩穷",即使是在没有钱的人家,也要买上一挂"五百响"放上一放,盼望着能够把"穷鬼"崩走,不再缠绕着自己家,在新的一年里,日子能够过得好一些。在鞭炮声中,人们内心的一些旧的东西和那些不愉快的心情,也随之丢掉了,用一个崭新的自己去迎接美好未来,将一切不吉利的东西、一切妖魔鬼怪都轰将出去,让它们离我们远远的,越远越好。所以人们认为,"破五"放鞭炮是为了把"晦气""穷气"从家中崩走,因而这个民俗节日久盛不衰。

店铺开市

店铺开市

春节时各行各业都要放假,让从业者回家过年。买卖店铺从大年初一起关门,到正月初五开市。正月初五是财神爷的生日,人们认为选择这一天开市能够招财进宝。过了"破五"(正月初五),年禧就基本上过去了,店铺举行"送神"礼,放鞭炮,在热烈的祝愿气氛中打开护窗板,露出事先贴好的"开市大吉,万事亨通"的红对联,开始正式营业。清代顾禄《清嘉录》记载,每年正月初五,商家都要搞迎财神的活动。这一天各商家五更早起,摆好香案,供奉三牲,点香燃烛。然后敞开大门,敲锣打鼓,鸣放鞭炮。在一片热闹声中,店主身着长袍马褂,手执神香,先拜天地,再拜财神,最后烧香、洒酒,并且和全店职工吃夜点、取吉利。蔡云《吴歈》中说:"五日财神五日求,一年心愿一时酬。提防别处迎神早,隔夜匆匆抢路头。"北京的店铺开市时,先由店主烧掉供奉的财神画像,然后燃放鞭炮,伙计们猛劲摇算盘,用秤杆敲打秤盘,屋里屋外,响成一片。闻声而来的乞丐在门口唱"喜歌",讨喜钱,店主也乐于施舍。就这样在一片喜庆的氛围中,店铺正式开始营业了。第一个登门的顾客,称其为"财神",不管营业额大小,均给予热情接待,并给顾客实惠,例如对折付款、赠物等。如果最先登门的顾客衣着华丽、气宇轩昂,营业额较大,则被认为预示全年生意兴隆。如果商店开门后很长时间不见顾客光临,店主就要到财神堂叩拜正财神赵公明,祈求护佑,俗称"求财神"。如果进来的头一位顾客是妇女,则认为不吉利,所以正月初五这天妇女一般都不上街去买东西。

咬春

立春这一天,民间讲究要买个萝卜来吃,叫作"咬春"。因为萝卜味辣,取古人"咬得草根断,则百事可做"之意。老北京人讲究时令吃食,立春这天要吃春饼,吃春饼就是"咬春"。这一天从一大清早,就有人挑着担子在胡同里吆喝:"萝卜赛梨——"那时候,再穷的人家也要买个萝卜给孩子咬咬春。北京民间在立春这一天要吃一些春天的新鲜蔬菜,一是为防病,二是具有迎接新春的意味。唐代《四时宝镜》记载:"立春,食芦、春饼、生菜,号'菜盘'。"可见唐代时人们已经开始吃春饼了。

所谓春饼,又叫荷叶饼,其实是一种烫面薄饼。其做法是:用两小块水面,中间抹油,擀成薄饼,烙熟后可揭成两张。春饼是用来卷菜吃的,菜包括熟菜和炒菜。过去吃春饼时讲究到盒子铺去叫"苏盘"(又称盒子菜)。盒子铺就是酱肉铺,店家派人送菜到家。盒子里分格码放熏大肚、松仁小肚、炉肉(一种挂炉烤猪肉)、清酱肉、熏肘子、酱肘子、酱口条、熏鸡、酱鸭等,吃的时候需改刀切成细丝,另配几种家常炒菜(通常为肉丝炒韭芽、肉丝炒菠菜、醋烹绿豆芽、素炒粉丝、摊鸡蛋等,若有刚上市的"野鸡脖韭菜"炒瘦肉丝,再配以摊鸡蛋,更是鲜香爽口),一起卷进春饼里吃。清人专有《咬春诗》:"暖律潜催腊底春,登筵生菜记芳辰;灵根属土含冰脆,细缕堆盘切玉匀。佐酒暗香生匕筴,加餐清响动牙唇;帝城节物乡园味,取次关心白发新。"可以想象,那时咬春的风俗还是非常浓郁的。一个"咬"字,是心情,更是心底埋下的吃得了苦的一种韧劲儿。

新姑爷拜年

新姑爷拜年

老北京有这样的习俗：在上一年内刚刚结婚的新人，在初四这天，姑娘要带上新姑爷连同公婆为他们准备好的点心、酒、烟、糖四色礼回娘家拜新年。姑爷对于娘家来说是高贵的客人，岳丈家要极尽所能地拿出最好的年货，来招待姑娘和新姑爷，这顿饭俗称为"待新姑爷"。不光饭菜是上等的，陪客的人员也是家族中最有威望的长辈，以此来表示娘家对姑娘女婿的尊重。除去喝酒的酒菜之外，吃饭时一般要有两道饭：馒头、和碗（丸子、藕荷、东坡肉、鱼、鸡、熏猪肉等）和新包的饺子。在包饺子的时候，姑娘的同辈妹妹、嫂子、弟媳妇等会专门包一个只有辣椒馅儿的饺子，等煮熟后，把盛着辣椒馅儿饺子的那碗专放在新姑爷旁边，新姑爷是不能不吃的。人们偷偷地看着新姑爷吃饺子，为的是看到新姑爷吃到辣椒馅儿的饺子时龇牙咧嘴的样子。除了吃辣饺子，姑娘和新姑爷还要吃用油煎过的"见面饺子"，据老人们讲，吃了这"见面饺子"，就能在自己的父母临终时和他们见上最后一面了。

酒足饭饱之后，姑娘和新姑爷要先给自己的父母拜年，然后给女方的侄男嫡女们压岁钱。最后，姑娘和新姑爷就会在自家兄弟的带领下，给同一个姓氏的家族中，还没有出五福的长辈去拜年。给长辈拜年不但作揖，还要磕头。如果听说谁家的新姑爷来了，邻居好事的男女老少都跑来看，如果发现磕头、作揖不够标准，就会有调皮的小孩子趁新姑爷磕头的当口，拿走姑爷的帽子、围脖、领带或鞋子什么的，这时的新姑爷也不能急，必须从口袋里掏出点小钱，然后赔着笑脸用钱换回自己的东西。

走桥（走百病）

走桥（走百病）

老北京有一种以妇女为活动主体的习俗，叫作"走桥摸钉"。正月十六晚上，左邻右舍的年轻妇女身着白衣，相约去走桥，北京城里凡是有桥的地方都成了妇女的乐园。前面的人手拿一炷燃香开路，后边的女子结伴从桥上走过。这种活动叫"度厄"，也叫"丢百脖""走百病"，据说这样一年可以不腰腿痛。"摸钉"就是到正阳门的门扇上摸门钉，"钉"与"丁"谐音，"丁"为男子，据说摸了门钉之后，年轻妇女可以生儿子。

"走百病"这一习俗在明代诗歌和地方志中均有相关描述，沈榜《宛署杂记·民风一》中说："元宵游灯市，……走桥摸钉，祛百病，（正月十六夜，妇女群游祈免灾咎，前令一人持香辟人，名曰走百病。凡有桥之所，三五相率一过，取度厄之意。或云经岁令无百病，暗中举手摸城门钉一，摸中者，以为吉兆。是夜驰禁夜，正阳门、崇文门、宣武门俱不闭，任民往来。厂卫校尉巡守达旦。）放烟火……部分地区还有登城、上庙、炙病、摸石等俗，亦属大同小异者。"周用《走百病行》中说："都城灯市春头盛，大家小家同节令。姨姨姥姥领小姑，撑缀梳妆走百病。俗言此夜鬼空穴，百病尽归尘土中。不然今年且多病，臂枯眼暗偏头风。踏穿街头双绣履，胜饮医方二钟水。"清代《燕九竹枝词》中说："队队走桥深夜出，小姑双缠纤无力。中途先去又回头，赚杀月明闻步客。""闺梦入春多吉兆，正阳门外相嘲笑。摸钉月下尽宜男，输他夫婿年尤少。"另外在古典小说《金瓶梅》中，对于妇女走桥，有详细的描述。

摸钉

摸钉

"摸钉"是与"走桥"相伴的一种妇女的游艺活动，北京城里有桥的地方都可以走，而最热闹的地方就要数正阳门了，在这里既可以走桥，又可以摸钉。正阳门俗称前门，是北京内城的正门。正阳桥就是前门的护城河桥，最初为木桥，明正统四年（1439）丽正门改为正阳门，桥也改为正阳桥，并改成汉白玉石拱桥。桥的南侧有一牌楼，这就是著名的五牌楼，也是前门大街最重要的装饰性建筑，因有五个门洞而得名。五牌楼亦建于明正统四年（1439），其上油漆彩绘，额书"正阳桥"三字，雄伟壮观，在北京的牌楼中以其规模最大。很可惜，1958年为方便交通五牌楼被拆除。2001年，五牌楼在原址复建，仍为五楹彩画，现已成为前门大街的重要景观。每年正月十六，北京城的年轻妇女都要结伙群游，祈免灾咎。那天头前有一人持香开道，此举即谓之"走百病"。凡有桥的地方，妇女相率以过，谓之"度厄"，此举是为"走桥"。此外，还要到各城门去摸城门上的铜钉，暗中举手如摸中一枚门钉即为吉兆，此即谓之"摸钉"。人们认为凡摸中门钉者宜生男孩。因为正阳门位于北京城的中轴线上，是内城的正门，是皇帝走的城门，所以规格最高，在平常的日子里，普通老百姓是不准到这里来的，一年之中只有这天是个例外，所以这天晚上很多妇女都特意赶到前门，过正阳桥，来摸前门中门的门钉。一夜之间，凡是人手能够摸到的门钉，个个都被摸得锃光瓦亮。

逛厂甸

逛厂甸

厂甸始于明朝嘉靖年间，兴于清朝康熙，盛于乾隆，至民国时逐渐衰落，新中国成立后曾短时复苏，消逝于"文革"初期，1964年举办了最后一次。"厂甸"原是南新华街路东的一条小街，仅十来户人家。辽代时此处为旷野人稀的村落。元代官方开始在这一带建窑烧制琉璃瓦，故名"琉璃厂"。清代琉璃厂远迁西山，这里成为"小有林泉"的荒凉地界，始称"厂甸"（甸，古指郊野之地），也合称为"琉璃厂厂甸"。几百年过去了，世事多舛，街道屡变，而厂甸的街名却被遗留了下来。清乾隆年间，由于编纂《四库全书》，搜集天下藏书，许多书籍流入琉璃厂，使它渐成全国著名的书市。后来灯市也由灯市口移至此地，并汇集古玩玉器、碑帖字画、文房四宝、篆刻章料、儿童玩具、日用百货、风味小吃及南北年货等，又使这里成为闻名天下的年节庙会举办地。1917年（民国六年），北洋政府内务部总长钱能训倡议在窑厂前空地（今中国书店一带）建成海王村公园，园内叠石作山，种植花树，高搭席棚，设置茶座，招徕顾客，成为琉璃厂商贸娱乐中心。厂甸庙会被市政当局正式认定，成为京都唯一的官设春节庙会集市。1928年后，曾将厂甸集市每年开放两次：阳历新年一次，阴历正月一次。1931年，粗略统计厂甸庙会有摊商近千户。1945年的厂甸庙会仍有游人逾20万，占当时北京总人口的五分之一。1960年，因自然灾害曾中断。1963年北京市政府重开"厂甸"庙会，从和平门护城河桥头一直办到虎坊桥十字路口，约有商摊750余家，客流量超过400万人次。

火判儿

火判儿

北京城在正月十五闹元宵活动中，一个十分有趣的项目就是看火判儿。"火判儿"是一种用泥塑造成盘坐的中空人形，谓之"判儿"，即地藏庙中的判官。到灯节时，从泥人的后面点燃腹中的木柴，燃烧的烟火会从泥人的口、鼻、眼、耳、肚脐等处冒出，最后泥人就成了一个四处冒火的火人，这就叫"火判儿"。

过去在北京的后门桥火神庙和北海公园天王殿前都有"火判儿"，后门桥的火神庙里是个道教庙宇，大殿前是一个不小的广场，当时的"火判儿"就在大殿前的广场中。火判儿点着之后，熊熊的烈火从火判儿的五官、肚脐眼儿向外喷吐着，靠得近的人们被火烤得纷纷向后退，在"火判儿"的四周形成一个很大的人圈。时间不大，"火判儿"已经被烧得通身火红。整个广场被"火判儿"的火焰照得通亮。出了庙门来到大街上，还能感觉到"火判儿"的光亮。北海公园在解放初期也点过"火判儿"，在北海的北岸，静心斋的西面不远处是一座道教庙宇，也叫"须弥春"。在山门的前面有一个不小的庙台儿，四周有黄绿两色的琉璃砖砌成的花墙。南面有三个台阶的通道，直对着三个山门。火判儿就放在庙台儿中央，这个火判儿的个头比后门火神庙的火判儿要大得多。火判儿内的柴火点着之后，熊熊的烈火从火判儿的眼鼻口各处向外喷冒着，护墙上爬满了看火判儿的人，火判儿发出的热浪让人们的脸感觉到炙热。这天北海公园除了有火判儿以外，还有花灯和烟火。隔着北海的湖面，看到漪澜堂走廊上一片通明，挂满了各种花灯，北海的冰面上还燃放大型烟火。

冰灯

冰灯

冰灯的起源与人的生产、生活实践活动密切相关。古时候，居住于寒冷地区的农夫或渔民，在滴水成冰的夜晚喂马或捕鱼时，为了弥补照明用具的不足，偶尔用水桶盛水冻成冰罩，将油灯或蜡烛放入其间，以防被风吹灭。后来，有的穷苦人在新春佳节或上元之夜，不甘寂寞又买不起灯笼，也做点儿冰灯摆在门前凑趣，故此冰灯又称"穷棒子灯"。随着时间的推移，生产、生活用的冰灯才变成了有一定艺术价值的观赏品，成了元宵灯展中的一个品种，关于冰灯最早的记载见于唐代的《开元天宝遗事》。

早年间在冬季严寒之时，北海、什刹海都有冰灯展，当时的冰灯和现在龙庆峡的冰灯是无法相比的，但在当时也算是一种奇巧的玩意儿，所以看冰灯也成了早年间人们在冬季里的一大乐趣。当时什刹海的冰灯造型有船形、有房屋、有宫灯，还有小兔等。里面点着蜡烛，显得晶莹剔透，十分漂亮。有一个乌龟形的冰灯，是模仿龟趺驮碑的样子，在晶莹剔透的乌龟身上，点着四支蜡烛，把个乌龟照得四处透亮，特别好看。冰灯的数量虽然不多，式样也平常，可是由于"水火不相容"的俗语，使人们对冰灯产生了极大的兴趣，都想看看冰里点灯的稀罕事儿。所以看冰灯的人络绎不绝，有时能把路堵得水泄不通。早年间北海的冰灯，是供皇家看的，民国时期平民百姓才可以到这里来观看冰灯展。

明代有一首《元夕咏冰灯》："正怜火树斗春妍，忽见清辉映夜阑。出海鲛珠犹带水，满堂罗袖欲生寒。烛花不碍空中影，晕气疑从月里看。为语东风暂相借，来宵还得尽余欢。"

闹花灯

闹花灯

农历正月十五元宵佳节,又称"灯节",主要特色以观赏花灯为主。关于观灯还要从汉明帝说起。东汉明帝时,佛教传入中国,朝廷号召百姓于上元夜放灯,以示对佛的尊重。此风俗历代相沿,到唐宋时期,达到极盛。唐代时在上元夜,不仅百姓燃灯庆贺,连皇帝也不时与后妃出宫"微行观灯",甚至"放宫女数千人看灯"。宋代时随着商品经济的进一步发达,城市的元宵夜几乎成了居民们的狂欢节,传统城市的光文化也随之发展到登峰造极的地步,元宵灯会不论在规模上还是灯饰的奇幻精美方面,都超过唐代,而且活动更为民间化、民俗化,民俗特色更鲜明。到了明代,灯节活动更为发展,还增设了戏曲表演。清代,满族入主中原,宫廷里取消了灯会,但是民间的灯会却仍然盛行。清代赏灯活动虽然只有短短的三天,但赏灯活动规模空前。除了燃灯之外,还放烟花助兴,后来又增加了舞龙、舞狮、跑旱船、踩高跷、扭秧歌等"百戏"的内容。元宵节的灯火繁盛,且历代相沿,热闹非凡。灯节活动的兴盛和历代皇帝的倡导、参与有很大关系。帝王们常借节日之光追求享受,讨民间"富足"的口彩。

北京的元宵节观灯活动从正月十三开始,到十七结束。十三为"上灯",十四为"试灯",十五、十六为"正灯",十七为"罢灯"。正月十五家家户户闹花灯,大街小巷彩灯高挂,东四牌楼、地安门、东安门大街、西四牌楼、前门一带的店铺也都挂起了各式各样的花灯,争奇斗艳,引来不少的观客。妇女小孩也都手提着灯笼去逛灯,大街上形成了一条星星点点蜿蜒曲折的长龙。

元宵花会

元宵花会

正月十五闹花灯,重在一个"闹"字,通过这个"闹"字,充分体现出了元宵节红火热闹、欢乐喜庆的场景,而最能够体现这种气氛的就要数民间花会的踩街表演了。

民间花会原来叫作"香会",北京的香会原来都是为妙峰山娘娘庙而成立的,是群众性的朝顶进香的民间组织。香会有文会和武会之分,文会义务为庙会提供材料和劳力的服务,搭设茶棚,为香客义务提供吃、喝、住、照明等项服务;武会则以技艺表演酬神娱人。香会是庙会活动的支柱,缺少了香会则不成为庙会。北京的武香会有"井字里"的和"井字外"的之分,其中"井字里"的被视为"正会",称为"幡鼓齐动十三档",这十三档正会是:开路、五虎棍、杠子、双石、狮子、中幡、杠箱、坛子、高跷、挎鼓、石锁、天平、吵子,后来又增加了三档,改成了十六档,新增加的三档是:云车、小车、旱船。香会中的武会在解放以后改称为花会,不仅用于行香走会,在喜庆节日、重要大典之时也进行表演,营造一种喜庆的气氛。花会是体育、武术、戏曲、音乐、曲艺、杂技的综合体,有的惊险,有的风趣,表现出了很高的技艺水平,是宝贵的非物质文化遗产,其中的许多项目已经被列入了国家级或北京市级非物质文化遗产保护名录。正月十五是民间花会大展身手之时,从城里到郊区农村,各地的民间花会全都上街表演,有狮子会、高跷会、地秧歌、五虎少林会、大鼓会、中幡会、钢叉飞舞等。中幡高擎,鼓声震天,歌舞升平,到处是欢乐的人群,难怪外国人把正月十五称为是"中国人的狂欢节"呢!

猜灯谜

猜灯谜

"猜灯谜"又叫"打灯谜",是我国独有的富有民族风格的一种文娱形式,是从古代就开始流传的元宵节特色活动。每逢农历正月十五,各家各户都要挂起彩灯,燃放焰火,后来有好事者把谜语写在纸条上,贴在五光十色的彩灯上供人猜。因为谜语能启迪智慧又迎合节日气氛,所以响应的人众多,而后猜谜逐渐成为元宵节不可缺少的节目。古代每届元宵节,人们总要"分曹射覆",引为笑乐。

灯谜最早是由谜语发展而来的,起源于春秋战国时期。它是一种富有讥谏、规诫、诙谐、笑谑的文艺游戏。谜语悬之于灯,供人猜射,开始于南宋。《武林旧事·灯品》记载:"以绢灯剪写诗词,时寓讥笑,及画人物,藏头隐语,及旧京谑语,戏弄行人。"猜灯谜是我国传统的娱乐形式,它运用艺术的手法和汉字的规律,着眼于字义词义变化,常用一个词句、一首诗来制成谜语,既能达到娱乐的目的,又能使人增长知识,为人们所喜闻乐见。猜谜和制谜是一种启迪智慧、增长知识、开阔眼界和丰富文化生活的文艺活动。灯谜的特点也是熔趣味性和知识性于一炉,所以长期以来使人喜闻乐见,不单在中国境内盛行,远至美国的唐人街或近在东南亚各地每逢新年、元宵节或中秋节多有举办灯谜会,颇受人们喜爱。从南宋到清朝500年间,元宵节猜灯谜习俗一直延续不断,不仅民间百姓喜爱,即使在皇宫深院,王公贵族乃至皇帝都乐此不疲。灯谜文化至今风韵不绝,特别是到了元宵节,不少地方于街道闹市悬挂灯谜让人猜射,使节日的气氛更加热烈。如今,民间猜谜已不限于元宵,有的地方平时朋友相聚也会猜上一阵子灯谜,猜谜已成为人们日常文化娱乐的一种形式。

吃元宵

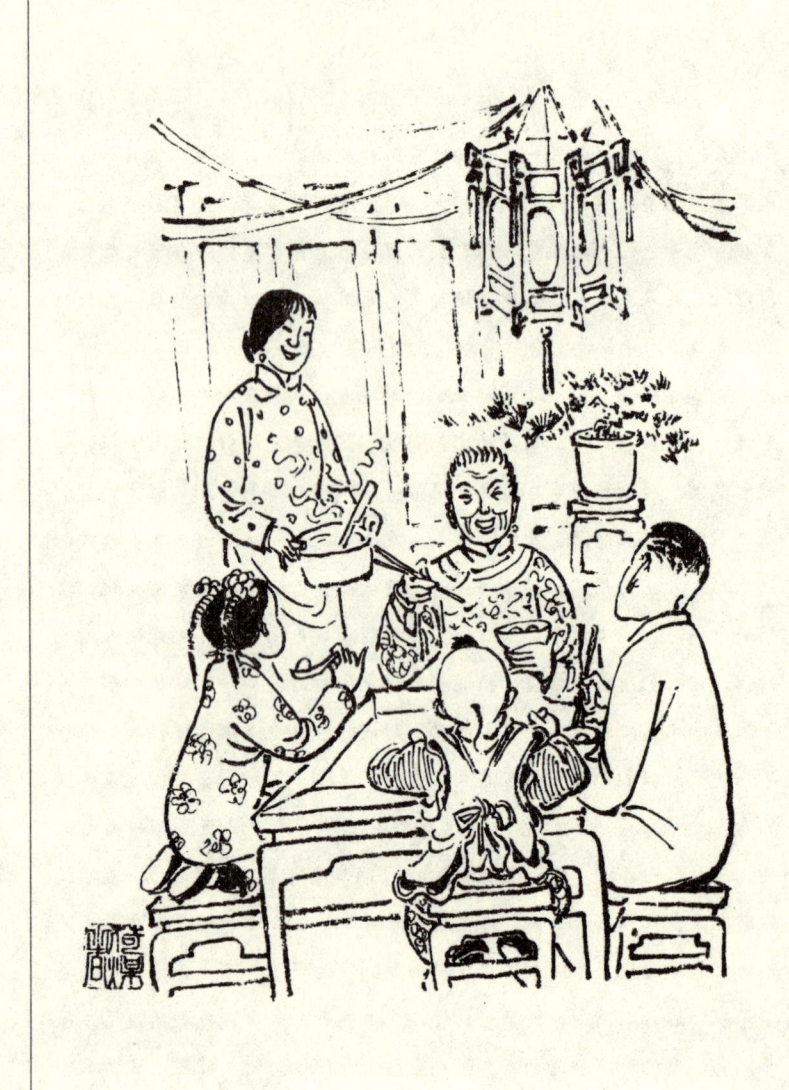

吃元宵

"元宵"原意为"上元节的晚上",正月是农历的元月,古人称夜为"宵",所以称正月十五为元宵节。正月十五是一年中第一个月圆之夜,也是一元复始,大地回春的夜晚,人们对此加以庆祝,也是庆贺新春的延续。元宵节又称为"上元节"。主要活动是晚上的观灯赏月,后来节日名称也演化为"元宵节"了。正月十五闹元宵,将从除夕开始延续的庆祝活动推向又一个高潮。元宵之夜,大街小巷张灯结彩,人们赏灯,猜灯谜,吃元宵,成为世代相沿的习俗。吃元宵的习俗源于何时何地,民间说法不一。一说春秋末期楚昭王复国归途中经过长江,见有物浮在江面,色白而微黄,内中有红如胭脂的瓤,味道甜美。众人不知此为何物,楚昭王便派人去问孔子。孔子说:"此浮萍果也,得之者主复兴之兆。"因为这一天正是正月十五,以后每逢此日,昭王就命手下人用面仿制此果,并用山楂做成红色的馅煮而食之。还有一种说法,元宵原来叫汤圆,到了汉武帝时,宫中有个宫女叫元宵,做汤圆十分拿手,从此以后,世人就以这个宫女的名字来命名。从《平园续稿》《岁时广记》《大明一统赋》等史料的记载看,元宵作为欢度元宵节的应时食品是从宋朝开始的。因元宵节必食"圆子",所以人们使用元宵命名之。临近元宵节之时,北京的一些糕点铺便高搭席棚,支起案子,一边摇元宵,一边出售。玻璃橱里码放着宝塔形的元宵,上面罩着红色的剪纸,红白相交,十分诱人。北京的宫颐府、稻香村、功德林、锦芳斋等老字号糕点铺制作的元宵都很有名。

填仓

填仓

"填仓节"是我国的一个民俗节日,相传北方曾连续大旱三年,赤地千里,颗粒无收。可是,皇帝不顾人民死活,照样强征皇粮,以致连年饥荒,饿殍遍野,尤其在年关,穷人走投无路。给皇帝看粮的仓官毅然打开皇仓,救济灾民,并在正月二十五这天放火烧仓自焚。后人为了纪念这名仓官,每年这天清晨,就用草木灰撒成圆圆的囤形的粮仓,有的还镶上花边、吉庆字样,并在囤中撒以五谷,象征五谷丰登,来表达人们填满仓谷救仓官的深情厚意。现在这些习俗已经消失,但填仓佳话却世世代代流传下来,提醒人们从这天起清仓扫囤,晾晒种子,整修农具,准备春耕。

老北京俗传正月二十三为"小填仓",二十五为"大填仓"。清代,京师各大粮商米贩均祭祀仓神。一般人家虽不致祭,但都要买些米面、煤炭来充实自家的生活储备。正如清《帝京岁时纪胜》载:"当此新正节过,仓廪为虚,应复置而实之,故名其日曰填仓。"此外,全家人还要吃顿"犒劳"。诸如薄饼卷"盒子菜"之类,亦谓之"填仓"。其实,真正的"填仓"活动是在农村。正月二十五黎明,家家户户都在院里或打谷场上,用筛过的炊灰撒出一个个大小不等的圆圈,象征着粮囤,在里边放些五谷杂粮。有人说,这是祈望五谷丰登、粮食满囤的意思。这是后来填仓的意义扩大了,人们又赋予了其他各种不同的含义。在我国华北农村及北京郊区,农民们流传谚语"填仓,填仓,小米干饭杂面汤"。平日农民生活很苦,填仓节时吃顿小米干饭杂面汤(杂面,指绿豆面的切条,老北京切面铺有售),就算改善生活了。

龙抬头

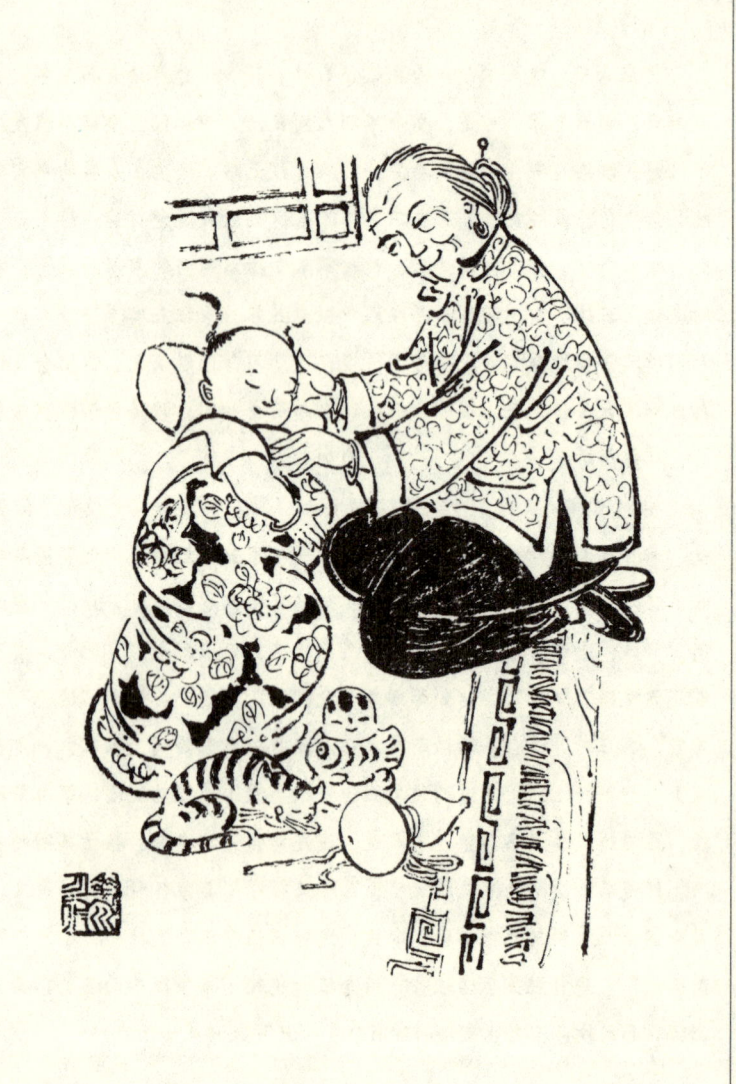

龙抬头

民谚曰:"二月二,龙抬头。"农历二月初二前后是二十四节气之一的惊蛰。据说经过冬眠的龙,到了这一天,就被隆隆的春雷惊醒,便抬头而起。所以古人称农历二月初二为春龙节,又叫龙头节或青龙节。故这一天人们便到江河水畔祭龙神。"二月二"又称为花朝节、踏青节、挑菜节、龙抬头日。此俗唐代已有记载,白居易《二月二日》诗:"二月二日新雨晴,草芽菜甲一时生。轻衫细马青年少,十字津头一字行。"明代以后,二月二又有关于龙抬头的诸多习俗,诸如撒灰引龙、扶龙、熏虫避蝎、剃龙头、忌针刺龙眼等节俗,故称龙抬头日。明人沈榜的《宛署杂记》中云:"二月引龙,熏百虫。……乡民用灰自门外委婉布入宅厨,旋绕水缸,呼为引龙回。用面摊煎饼。熏床炕令百虫不生。"《明宫史》载:"初二日……各家用黍面枣糕,以油煎之,或以面和稀,摊为煎饼,名曰熏虫。"清人富察敦崇在《燕京岁时记》中也说:"二月二日……今人呼为龙抬头。是日食饼者谓之龙鳞,食面者谓之龙须面。闺中停止针线,恐伤龙目也。"其实,二月二的民俗活动与农业生产有关系。正如民谣所云:"二月二,龙抬头,大仓满,小仓流。"因为二月正是农作物播种的季节。在科学不发达的时代,百姓们通过各种纪念活动,寄托了祈龙赐福、保佑风调雨顺、五谷丰登的强烈愿望。北京有"二月二龙抬头,莫叫懒龙压着头"的民谚。

剃龙头，挑龙须

剃龙头，挑龙须

民谚说，"二月二，龙抬头"，从这一天起，雨水就会多起来，进入了一年的农业生产期，"水利是农业的命脉"，中国古代是以农业立国，"龙"是管水的神圣，因而"二月二"就成了我国一个以龙为主角的重要的民俗节日。

在北京，二月二这天有许多活动和规矩，其内容全都与"龙"有关。例如这一天男人要剃头，称为"剃龙头"。北京人有"正月不剃头，剃头死舅舅"之说，经过了一个月，人们的头发已经长得很长了，必须要剃头了。二月二是龙抬头的日子，大吉大利，所以人们一般都选择这一天剃头。民间有"剃龙头，火了理发店"之说。此外，这一天人们的各种吃食也都与"龙"有关。吃面条，称为"龙须面"；还有烙饼，叫作"龙鳞"；若包饺子，则称为"龙牙"；吃米饭叫吃"龙子"；吃馄饨叫吃"龙眼"；吃面条叫"挑龙须"。其中，最普遍的就是吃春饼，也叫作"吃龙鳞"。一个比手掌大的春饼就像一片龙鳞。春饼有韧性，内卷很多菜。如酱肉、肘子、熏鸡、酱鸭等，用刀切成细丝，配几种家常炒菜如肉丝炒韭芽、肉丝炒菠菜、醋烹绿豆、素炒粉丝、摊鸡蛋等，一起卷进春饼里，蘸着细葱丝和淋上香油的面酱吃，真是鲜香爽口。吃春饼时，全家围坐一起，把烙好的春饼放在蒸锅里，随吃随拿，热热乎乎，欢欢乐乐。至于二月初二吃爆米花、吃猪头肉、吃荠菜等也都与龙的传说故事有关。此外，在二月二龙抬头这天还有许多的禁忌，这天妇女不准动针线和刀剪，怕伤了龙眼；不许到水井去挑水，怕的是水桶碰在井壁上，伤了"龙身"，等等。

老北京风情系列

接宝贝儿

接宝贝儿

老北京有一首儿歌唱道:"二月二,接宝贝儿,接不来,掉眼泪儿。"二月二除了是迎接新的农业耕作之年到来的民俗节日之外,还是一个出嫁闺女回娘家的日子。旧俗规定,媳妇正月里必须住在婆家,出了正月之后才允许回娘家。这首民谣,充分表现出父母思念出嫁女儿的亲情。"宝贝儿"指的是小外孙子,女儿的孩子当然是宝贝儿了,把闺女接回来当然要带上小外孙子。

北京人称这项活动为接"姑奶奶",称出了嫁的女儿为"姑奶奶",也就是娘家人接回已出嫁的女儿。这是指着孩子叫的,自己如果有了重孙子(儿子的孙子),这个孩子就要称其祖父的姐妹为"姑奶奶",这种称谓也有盼望着自己的家里人丁兴旺的意思在内。老北京人的礼数多,其中正月里"姑奶奶"是不能住在娘家的,初二到娘家拜了年之后也必须当天就赶回婆家去,特别是新婚不久的"姑奶奶"。但到了二月初二,娘家人就来接女儿回去,住上几天或半个月,一是因为"姑奶奶"正月里在婆家忙活了好长时间,比较劳累,接回娘家来让她好好歇一歇;二是新的一年刚开始,又要忙碌了,所以要犒劳犒劳她。一般是以春饼,也就是薄饼做款待。被接回来的日子里,"姑奶奶"除了吃喝,就是串门子聊天儿,轻松而愉快。"接宝贝儿"一般都是"姑奶奶"的娘家兄弟或者娘家侄子去接,一定要去男人,证明她的娘家有人,婆婆休要欺负她,否则娘家人是不答应的,这是给"姑奶奶"壮胆的一种方式。如果到了这天娘家没人来接,那么当媳妇的以后少不了受婆婆的气。

吃薄饼

吃薄饼

每年立春日，大部分人都要吃春饼，名曰"咬春"。吃春饼的习俗历史悠久。《明宫史·饮食好尚》记载："立春之前一日，顺天府街东直门外，凡勋戚、内臣、达官、武士……至次日立春之时，无贵贱皆嚼萝卜，名曰'咬春'，互相宴请，吃春饼和菜。"这一习俗，可追溯到晋，而兴于唐。《关中记》说唐人"于立春日作春饼，以春蒿、黄韭、蓼芽包之"，并将它互相赠送，取迎春之意。春饼、春卷是古人心目中春的象征，春饼是用白面抖成圆形的饼，经烙制而成。清《调鼎集》记载春饼的制法是"擀面皮加包火腿肉、鸡肉等物，或四季时菜心、油炸供客。又咸肉腰、蒜花、黑枣、胡桃仁、洋糖（白糖）共碾碎，卷春饼切段"。这是清朝的吃法。但现在演变为春饼抹甜面酱，卷洋角葱后食用。春时，大葱冒出的嫩芽，清香脆嫩，特别是春回大地，万物复苏，嫩葱先出，人们尝鲜，也是有"咬春"的意思。此外，还讲究吃和菜，就是用时令菜的心，如韭黄、菠黄等切丝，叫炒和菜。有的地方还讲究用酱肚丝、鸡丝等熟肉夹在春饼里吃。吃春饼讲究将和菜包起来，从头吃到尾，叫"有头有尾"，取吉利的意思。吃春饼时，全家围坐一起，把烙好的春饼放在蒸锅里，随吃随拿，为的是吃个热乎劲儿。明清时期，随着烹调技术的发展和提高，春盘改成了小巧玲珑的春卷，不仅是民间的食品，而且成为宫廷的糕点之一，登上了大雅之堂，深受乾隆皇帝的赞赏。清朝的满汉全席一百二十八道菜点中，春卷是九道点心之一。北京人讲究除去立春日之外，"二月二"也吃春饼，叫作"吃龙鳞"。

照房梁

照房梁

旧历二月初二龙抬头。明代刘侗的《帝京景物略》中说:"二月二日曰龙抬头,煎元旦祭余饼,熏床炕,曰熏虫儿,谓引龙,虫不出也。"俗话说"龙不抬头天不下雨",龙是祥瑞之物,和风化雨的主宰。"春雨贵如油",人们祈望龙抬头兴云作雨,滋润万物。同时,二月二日正是惊蛰前后,百虫蠢动,疫病易生,人们祈望龙抬头出来镇住毒虫。当年老北京人有"二月二,照房梁,蝎子、蜈蚣没处藏"的说法。老百姓要在这天驱除害虫,点着蜡烛,照着房梁和墙壁,驱除蝎子、蜈蚣等毒虫。此外,还有别的驱虫活动,例如用棍棒、扫帚或者鞋子敲打梁头、墙壁、门户、床炕等,以避蛇蝎、蛐蜒、老鼠等虫物。这种风俗在乡下最为盛行,二月二日早晨,刚起床的男人要点燃蜡烛,照着房梁和墙壁驱除蝎子、蜈蚣等,这些虫儿一见亮光就会掉下来被消灭。从龙抬头的日子开始,去年深秋就销声匿迹的雷鸣便会重震寰宇了。春雷一声天地动,那些蛰伏的虫子,便会被雷声惊醒。正如民谚所说:"二月二,龙抬头,蜈蚣蝎子都露头。"为了避免毒虫的伤害,人们要举行一些含有驱虫意味的活动。老北京民宅里原来大部分都是土炕,怎么说也比外面露天地儿里暖和,这炕缝里、炕的犄角旮旯、炕被的下头,保不齐藏着钱串子(百足虫)、潮虫,在墙壁、明柱缝里、炕被破棉絮里躲着冬眠不醒的土鳖、臭虫什么的。二月二日之后,虫子们就活泛起来了,这时候虫子刚刚苏醒,行动愚笨,除虫正是时候。这项习俗是老北京人一种非常好的卫生习惯,所以才能够长久地流传下来。

引龙回

引龙回

二月二"龙抬头"这天的风俗很多,除了吃春饼、照房梁、接姑奶奶、剃头之外,还有一项非常流行的活动就是"引龙回",也叫"引钱龙"。就是用家里炉灶里的灰,从家门外的水井边开始撒起,要一直撒到自己家里去,中途不能间断。引进屋子里之后,还要围着水缸绕一圈儿,使之成一弯弯曲曲的灰龙。龙在水里,人离开了水就不能生存,用灶灰把"龙"一直引到自己家的水缸里来,水缸就永远不会断水,这象征着日子过得兴旺。水属财,水缸满也象征着财源广进,因而这项活动也叫作"引钱龙",是一种祈福纳祥的美好的寓意。这种风俗在北京古已有之,明朝的沈榜在《宛署杂记》中记载:"都人呼二月二日为龙抬头,乡民用灰自门外蜿蜒布入宅厨,旋绕水缸,呼曰引龙回。"小孩子对于做这件事最有兴趣,轻轻的灶灰一点点撒开,蜿蜒不断,连缀成线,觉得很好玩。主要做法是将灰或谷糠撒在地上,蜿蜒成龙形,在农村一般是从井旁、河边开始,至家结束。打囤又叫"打灰囤""围仓""画仓""填仓""打露囤"等,一般是在庭院中撒草木灰,拼成仓囤形的图案,预兆囤高粮满,丰年在望。在人们的心目中,打灰囤还有驱避虫害之效,所谓"二月二,围墙根儿,蝎子蚰蜒不上身"。这一仪式一旦到了孩子手中,就被赋予了游戏意味,他们一面撒一面唱,小女孩唱:"围、围墙根,蝎子出来光蜇小厮,不蜇小妮。"小男孩唱:"围、围墙根,蝎子出来不蜇小厮,光蜇小妮。"彼此嬉闹吵嚷一番,满院里春意盎然。

敬惜字纸

敬惜字纸

"敬惜字纸"是中国文化传统理念之一，在科举制度的影响下，出于对文化与文字的崇敬，古人认为应当对字纸，即写有文字的纸张表示尊敬和爱惜。清朝以后，也掺杂了宗教信仰和士子对功名的追求。敬惜字纸的传统与文昌帝君信仰有密切关系，显示出科举社会中士大夫阶层的重要地位。敬惜字纸的传统在宋代已经出现。写有字的废纸不可随意丢弃践踏、糊窗封坛或与其他废物混杂，而需丢入字纸篓，专门收集后焚烧成灰，成为字灰，收集起来。每隔一段时间，便开坛祭祀造字之仓颉，然后将字灰送至大江大海，称为"送字灰"或"送字纸"。相应地，也出现了专为焚烧字纸的"惜字塔"，以及专门收集字纸旧书加以焚化的"惜字会"。惜字塔又名惜字楼、字形档塔、圣迹亭、敬字亭等，用于将收集的废纸残书焚烧。明清时期开始出现劝人敬惜字纸的劝善书，大多名曰《惜字律》，如清光绪十三年的刻本《文昌帝君惜字律》，以及《文昌惜字功过律》《惜字新编》《惜字征验录》等。除此之外，各类佛经、家训以至笔记小说，都有类似的劝谕故事。有些地方组织有"惜字会"（或文昌会）劝人敬惜字纸，人们自愿义务上街收集字纸。也有的由地方政府、大富人家或祠庙宫观出资雇专人收集。除每日雇人沿街收取外，每月还定期收买各种废纸、旧书、淫书，然后汇总火焚或投入江中。在妙峰山庙会期间，专门有一档"惜字老会"，在妙峰山上捡拾字纸，收集起来后，集中焚化。这不但是爱惜字纸，同时也起到了保护环境卫生的作用。

蟠桃宫

蟠桃宫

东便门立交桥西南路边绿地中央，有一块铁栏围护的石碑，这就是闻名京城的蟠桃宫旧址。蟠桃宫正名叫"护国太平蟠桃宫"，始建于明代，清代康熙元年（1662）重修，是北京的著名道观之一。蟠桃宫庙宇并不甚大，连山门在内共有三层大殿，进山门即为灵官殿，殿后两侧有钟、鼓楼，正殿为王母殿，四壁墙上有一座鳌山，上面塑着从四面八方踏着祥云来给王母娘娘祝寿的群仙。蟠桃宫之所以知名，是源于延续了数百年的庙会。王母娘娘是位知名度极高的女神，在《山海经》和《穆天子传》中都有记载，民间特别推崇，说她是元始天尊的女儿，玉皇大帝的夫人，掌管人间福寿。每年农历三月初一至初三为庙会期，蟠桃宫都要开庙三日，名为"蟠桃盛会"。初三这天最为热闹。据说这天是王母娘娘设蟠桃会的日子，也是"上巳"日。届时蟠桃宫人山人海，香火极旺。自明清两代直至民国，每逢庙会之际，从崇文门至蟠桃宫前沿护城河南岸茶棚、货摊林立；打把式、卖艺、变戏法、摔跤者接连不断；日用杂货、风味小吃应有尽有。正逢春和景明、万物复苏之时，才熬过枯燥清淡一冬的老北京人，巴不得找个又能朝香拜神，又能逛庙会看热闹，还能踏青郊游的机会。于是，蟠桃宫庙会就成了京城阳春一大盛景。清代时，仕女们多在东便门内的堤柳之荫，走马射箭，实际上这是古代"踏青"之俗的继续。民国初年还在庙后边修筑了赛马场。这种热闹的盛况延续了数百年，直到20世纪60年代初，虽然求神拜佛的人少了，但庙会却依然很热闹。1987年因修建东便门立交桥，蟠桃宫正处于立交桥主桥道上而被全部拆除。

清明

清明

"清明"是农历二十四节气之一,同时也是一个重要的民俗节日。清明节是在仲春与暮春之交,也就是冬至后的106天。中国传统的清明节大约始于周代,距今已有两千五百多年的历史。《历书》上说:"春分后十五日,斗指丁,为清明,时万物皆洁齐而清明,盖时当气清景明,万物皆显,因此得名。"清明一到,气温升高,正是春耕春种的大好时节,故有"清明前后,种瓜种豆"之说。清明节是一个祭祀祖先的节日,主要是扫墓。扫墓是慎终追远、敦亲睦族及行孝的具体表现。扫墓俗称上坟,是祭祀死者的一种活动。汉族和一些少数民族大多都是在清明节扫墓。按照旧的习俗,扫墓时,人们要携带酒食果品、纸钱等物品到墓地,将食物供祭在亲人墓前,再将纸钱焚化,为坟墓培上新土,折几枝嫩绿的新枝插在坟上,然后叩头行礼祭拜,最后吃掉酒食回家。北京人扫墓是给先人的坟墓培土除草、烧纸钱,在坟头上压纸钱。祭奠完毕之后把撒下来的饽饽用柳条串起来,到了立夏日用油煎了之后给小孩吃,谓之"不怵夏"。唐代诗人杜牧的诗《清明》曰:"清明时节雨纷纷,路上行人欲断魂。借问酒家何处有?牧童遥指杏花村。"写出了清明节的特殊气氛。

清明节,又叫踏青节,按阳历来说,它是在每年的4月4日至6日之间,正是春光明媚草木吐绿的时节,也正是人们春游(古代叫踏青)的好时候,所以古人有清明踏青,并开展一系列体育活动的习俗。在古时,还有一种说法,就是"三月节"。2006年5月20日,该民俗节日经国务院批准列入第一批国家级非物质文化遗产名录。

戴柳

戴柳

清明节前后,古人有在门上插柳,头戴柳环之俗,有"清明不戴柳,红颜成皓首""清明不戴柳,死了变黄狗"的民谚。清代杨韫华《山塽棹歌》俗云:"清明一霎又今朝,听得沿街卖柳条。相约比邻诸姐妹,一枝斜插绿云翘。"关于清明插柳、戴柳之俗,传说柳是"鬼怖木",可以避邪。北魏农学家贾思勰在《齐门要术》中有"取柳枝著户上,百鬼不入家"之说。因此,在我国民间,柳枝向来被视为降除瘟疫的象征。古人在日常生活实用中,知道柳枝可以"祛病消灾",神医扁鹊用柳叶熬膏治疗疔疮肿痛。三国时华佗用柳枝治疗骨折。"柳"与"留"谐音,自汉代流行的"折柳相赠"情感民俗流行至今。唐代大诗人杜牧《独柳》曰:"含烟一枝柳,拂地摇风久。佳人不忍折,怅望回纤手。"描写情侣两人将行,心里难舍难分,连欲折柳条也不忍。刘禹锡在《杨柳枝》中道:"春江一曲柳千条,二十年前旧板桥。曾与美人桥上别,恨无消息到今朝。"诗人与情人桥上相别后,年年月月在柳树底下苦苦痴等,却杳无音信。"折柳送别"与"植柳留念"已成为我国民间民俗文化的一部分。唐代大诗人白居易在杭州任刺史时,发动群众治理西湖,在堤上栽植杨柳,美化环境,创建了今日西湖的"人间天堂"。阳春三月到西湖,此时正值桃红柳绿,空气清新,眼前展现出一幅幅大自然生机勃勃的图画,令人心旷神怡。

清明戴柳与植树有关,北京西郊门头沟区的斋堂川有"清明不栽柳,死了变成狗"的民谚,提倡在清明节植树。我国的第一个植树节,即由孙中山先生倡导的,1915年所规定的植树节就定在了清明之日。

踏青

踏青

"踏青"又叫春游、探春、寻春。于花草返青的春季，北京人有结伴到郊外原野远足踏青，并进行各种游戏以及蹴鞠、荡秋千、放风筝等习俗。中国的踏青习俗由来已久，传说远在先秦时即已形成，也有说始于魏晋。据《晋书》记载，每年春天，人们都要结伴到郊外游春赏景，至唐宋尤盛。据《旧唐书》载："大历二年二月壬午，幸昆明池踏青。"可见，踏青春游的习俗早已流行。到了宋代，踏青之风盛行。初春时，芳草始生，杨柳泛绿，至郊外野游，谓之踏青。唯踏青的日期，因时地而异，或于二月初二，或于三月上巳，或于清明前后。

于奕正《帝京景物略·春场》："三月清明日……是日簪柳，游高梁桥，曰踏青。"清李楘勋《都门竹枝词》："山花押鬓踏青行，儿女相逢各问名。"李淖在《秦中岁时记》中曾有记载："上巳（农历三月初三），赐宴曲江，都人于江头禊饮，践踏青草，谓之踏青履。"杜甫在诗中也曾记载了皇家浩浩荡荡春游踏青的情景，"三月三日气象新，长安水边多丽人"。

北京民俗历来有踏青的讲究，每当青草依依、清水涟涟之时，人们便脱下长布衫，走出四合院，三五成群到乡野山间赏景散心，一冬的沉闷一下子便烟消云散。老北京踏青的地方有陶然亭、窑台、蟠桃宫、凉水河、九龙山、丰台黄土岗花神庙等处。春暖花开的清明时分，人们结队出游，在郊野中荡秋千、放风筝、拔河、斗鸡、戴柳、斗草、打球等，心情被放飞得不想回转，快乐也渐渐从脸上溢满内心。

舍缘豆

舍缘豆

"舍缘豆"是旧时北京的一种习俗。施舍豆子结缘。四月初八为浴佛节,相传是佛陀的生日。为纪念佛祖释迦牟尼的诞生,旧京各大寺庙都要举办隆重的庙会,成百上千的善男信女纷纷上庙进香。此外,京城信仰佛教的慈善人家在这天还要向行人游客赠送舍缘豆。《燕京岁时记》载:"四月八日,都人之好善者取青黄豆数升,宣佛号而拈之,拈毕煮熟,散之市人,谓之舍缘豆,预结来世缘也。"《日下旧闻考》载:"京师僧人念佛号者辄以豆记其数,至四月八日佛诞生之辰,煮豆微撒以盐,邀人于路请食之以为结缘,今尚沿其旧也。"

舍缘豆也称结缘豆,一般以黄豆、青豆为原料,加入花椒、大料、五香水煮成,味道清香而微咸。此豆的做法虽简单,但有一套烦琐的手续。煮豆必须在初七的夜间,于佛前高燃烛香,陈列盛供。将煮熟的大豆盛于瓷盆,供于地下之矮桌上,旁边另放一只空盆。主人跪于佛前地下,每宣一声佛号,即拈一豆置于空盆内,随即一叩首。全家人轮流如此拈豆,直至将豆拈尽。然后再把切成小丁的咸胡萝卜和切成细段的香椿芽拌入其中,上面盖上一块新的白湿布,趁缘豆尚有余温之际供佛,此时天已破晓,正好上街舍送。儿童们在这天兴奋异常,仨一群俩一伙地在街上来回讨豆吃,这摊儿吃几粒,那摊儿尝几颗,转上几条街,肚子就吃饱了。许多当时的小孩子,现在已进入古稀之年的老北京一谈起儿时在浴佛节吃舍缘豆的情景来,就高兴得像个孩子,仿佛又回到了童年一般。"舍缘豆"如今已经很少见了,在四月初八这天,只有在妙峰山庙会上还有。

占卜放生

占卜放生

"放生"本来是佛教用语,但中国的放生习俗并不是始于佛教。《列子·说符篇》载:"正旦放生,示有恩也。"可见逢节日放生,古已有之。佛教传入中国之后,亦大力提倡放生,并与中国原有之放生习俗相融合,演变出独特的法会——放生会。所谓放生,即赎取被捕之鱼、鸟等诸禽兽,再放于池沼、山野之中。放生寄托着深厚的佛教意蕴,因而是十分庄严的,但在其传播过程中亦出现了一些与放生原旨不符的流弊。比如,放生中出现重虚文而不重实质的现象;又比如,一些人专门从事捕捉禽兽鸟鱼,以供放生之用。基于此,历来放生均提出一些注意事项,其要大抵为:第一,放生无定物,即无论陆走飞禽,即量力买放;第二,放生无定日,虽有的规定每月一次或佛诞日举行,但万不可限定时日,以免有人专门于此日前大量捕捉生灵;第三,放生无定处,即不要受仪规的束缚,遇有特殊情形,即可随处放生,只要称念佛号加以接引即可,不一定要举行完整的仪式。放生地点的选择,尽量依据如下原则:选择人烟稀少、地广水深、适合物类生存之地域。宜在放生池以及远离捕杀之水域、山林等,尽量能使所放众生生存悦意且能长寿之地。早年间,北京人认为要求得益寿延年就要多做善事,而拯救生灵就是大善事,所以有些人就买鸟买鱼,重新放归大自然之中,使它们得以重生。"放生"也不是随便放的,要讲究在适当的时间、地点、方位进行放生,而放生时间、地点、方位的确定,在当时一般是用占卜、算卦的方式来确定的。

放风筝

放风筝

唐代诗人高骈写有《风筝》一诗:"夜静弦声响碧空,宫商信任往来风;依稀似曲才堪听,又被风吹别调中。"《询刍录》记载,风筝,即纸鸢,又名风鸢。五代时李邺于宫中做纸鸢,引线采风为对,后于鸢首以竹为笛,风入笛管发出悦耳之声,好似"筝"鸣,俗称风筝。起初只限于皇宫贵族中的公子佳人玩赏,到了宋代以后,才成为民间群众喜爱的一种活动。风筝既是一种美丽的民间工艺品,又是大众娱乐品,历来受到文学家的传唱。北京竹枝词也对风筝有生动的描绘:"风鸢放出万人看,千丈麻绳系竹竿。天下太平新样巧,一行习上碧云端。"早在清朝时,风筝已在扎、糊、绘、放四艺上发展到相当精致的程度。曹雪芹在北京西山"穷居著书"时,细究风筝扎糊之法,还写了《南鹞北鸢考工志》一书。书中详细介绍了翼燕、双鲤、彩蝶、螃蟹、宠妃、双童等四五十种风筝的扎、糊、绘、放等技法和工艺。此外,古代放风筝又是与放晦气联系在一起的。《红楼梦》中有这样一段描写:林黛玉不慎将制作精巧的风筝放掉,李纨劝她:"放风筝图的就是这一乐,所以叫放晦气,你该多放些,把病根儿带去就好了。"而当紫鹃要去拾断了线的无主风筝时,探春又劝阻:"拾人走了的,也不嫌个忌讳?"可见古时放风筝是人们消灾祛难的手段,不能去拾别人的风筝,以免沾上别人的晦气。也有人在放风筝时,把所有的烦恼写在纸上,让它随风筝飞上蓝天,认为一切烦恼都会随风而去。北京东直门外有座铁塔寺,每年立春之日在庙外广场举行风筝大会,各路风筝云集寺前,是老北京一处非常有特色的庙会。

茶棚

茶棚

　　茶棚，既可以说是茶馆的前身，又可以说是简化了之后的袖珍茶馆。早在明清时代，北京的前门、大栅栏地区就曾因当地云集的茶棚而名噪京城，同时声名远播的还有京味十足的大碗茶。老辈人一定都记得在前门油布伞下、老槐树荫底放着七八条长木板凳和中间磨得润泽生光的木质矮脚小桌，桌上一摞十几只粗瓷大碗，桌旁坐着一个拎着黄铜茶壶的老板兼伙计，这就是老北京最原始、最传统的茶棚。茶棚曾经在北京人的生活中扮演过很重要的角色，它不仅仅是人们品茶纳凉的场所，还是那个信息闭塞时代人们交换信息的所在。在这里不仅有普通的家长里短、街谈巷议，更可得知国家大事。在国民革命时期，我党早期组织还曾利用茶棚进行过革命宣传和大众教育活动。可见茶棚在群众生活中的地位之重，影响之深。

　　旧时一些庙会也有茶棚，是香道中为香客义务提供沿途饮食、休息的场所。其中以妙峰山庙会的茶棚最为著名，数量也最多。自城门开始，每隔3—4公里就设一处茶棚，通常建在村中或村周围，以及香道途中的平地、平台、山洼等地。最初为松棚或席棚，后来多用原有旧庙或新建庙宇型房舍，内供奉娘娘像或观音像，谓之"娘娘驾"，备有茶水。每棚有一个清茶会组织，由文会中的清茶会负责。妙峰山娘娘庙会进香各路有大小不一的茶棚一百余处，其中绝大多数义务为香客提供茶水、米粥，所以又叫粥茶棚，除了舍茶之外还有修鞋、施舍各种食物、提供住宿、提供照明，等等，这些服务都是免费的。

朝金顶

朝金顶

"金顶"指京西妙峰山的碧霞元君娘娘庙。北京地区民间对于碧霞元君的信仰始于明代。民间认为，东岳大帝的女儿碧霞元君娘娘不仅是妇女和儿童的保护神，而且是法力广大、有求必应的万能之神。北京供奉碧霞元君娘娘的庙宇数量很多，最著名的有"三山五顶"，清代康熙皇帝敕封妙峰山为"金顶"，使其地位跃居众多娘娘庙之上。每年农历四月初一到十五，开庙半个月，近到北京地区，远到东三省、江浙一带的香客昼夜不息，赶往妙峰山朝顶进香。清代富察敦崇《燕京岁时记》载：妙峰山"庙在万山中，孤峰矗立，盘旋而上，势如绕螺。前者可践后者之顶，后者可见前者之足，自始迄终继昼以夜，人无停趾，香无断烟，奇观哉！""人烟辐辏，车马喧阗，夜间灯火之繁，灿如列宿，以各路之人计之，共约有数十万；以金钱计之，亦约有数十万。香火之盛，实可甲于天下矣！"上山的香道共有六条，从聂各庄上山的老北道、从北安河上山的中北道、从大觉寺上山的中道、从灰峪上山的中南道、从陈家庄上山的南道、从下苇甸上山的岭西道。香道沿途，每隔几里就有一座茶棚，义务为香客提供包括吃住在内的各项义务的服务。各种香会在香道上载歌载舞，香客个个心怀虔诚，甚至有用一步一叩首、披鞍、结草衔环、穿耳箭、悬灯、披枷戴锁等各种方式自虐身体上山进香的。妙峰山上有一处摩崖刻字，"几世修得朝金顶，万古长留此妙峰"，深刻地反映出了进香者的虔诚心理。到山上进完香之后，买上一朵红绒花戴在胸前，这叫"戴福还家"。

朝五顶

朝五顶

"顶"就是指碧霞元君娘娘庙,碧霞元君是泰山女神,她的庙宇在泰山顶上,其他地方供奉碧霞元君的娘娘庙都是她的行宫,因而也称为"顶",希望碧霞元君娘娘住在这里仿佛就在老家一样。北京的碧霞元君庙最著名的是"三山五顶",三山指妙峰山、天泰山、丫髻山;五顶共有六座庙,分别是大南顶在左安门外马驹桥、小南顶在丰台大红门外小南顶村、北顶在德胜门外朝阳区大屯乡北顶村、西顶在西直门外海淀区的蓝靛厂、东顶在东直门外小关、中顶在右安门外十里草桥。这就是所谓的"郊廓之间,五顶环列"。各庙有各庙的香火,每到庙会期间,也都有活动,有茶棚舍茶,香会走会,酬神娱人,只是庙会的规模没有妙峰山这么大。此外,在平时这些娘娘庙也都有香火。清代得硕亭《草珠一串》中有一首《娘娘庙进香》:"西山香罢又东山,桥上娘娘也一般。道个虔诚问声好,人人知是进香还。"诗中所说的"桥上娘娘"指的就是左安门外马驹桥的大南顶娘娘庙。北京的"五顶"环列于京城,既是过去许多北京人寄托精神信仰之所,又是民俗活动之地,同时也是商品交易之处。因此,"五顶"在明清及近代北京人的生活中扮演着十分重要的角色,是北京传统文化的重要载体之一。据史书记载,明清两代北京寺庙众多,城内庙宇多为香火之地,城外庙宇多为游春、庙市的场所。北京城郊的"五顶",功能各有特色,中顶以社火、走会为主;南顶跑车、赛马闻名;西顶为皇太后祝釐之所;北顶、东顶为庙市,是民间物资交流的场所。清代孙承泽《天府广记·寺庙》中记载:"京都有碧霞元君庙五处,香客云集,烟雾终日缭绕,都人最重元君祠,每月初一和十五,士女云集……"

老北京风情系列

立夏粥

立夏粥

每到"立夏"之日，北京郊区各村都有吃"立夏粥"的习俗，立夏粥又叫"百家粥"，是村民的一种集体活动。熬粥所用的粮食来自各家各户，你出一把米，他出一把豆，大家在街道上支起大锅，用文火慢熬。熬好了粥之后，大家一起喝粥。例如每年立夏这一天，在海淀区苏家坨镇的各个村，或三五户，或十几户为单位，由年纪较高有威望的人负责组织，去各家各户收集杂粮，将收集好的红小豆、绿豆、小米、大米、花生、枣等十几种杂粮放在一起拌匀，用清水淘净后放在大铁锅里煮，经过一个多小时慢火的熬煮，掀开盖子，粥香四溢，让人闻了垂涎三尺。全村的男女老少和过路游客都在这里品尝香甜可口的"立夏粥"。喝立夏粥有三个意思，一是祭祀虫王爷，到了立夏，天气开始热了起来，雨水也多了，庄稼生长速度加快，这时候最怕闹虫灾。熬好了立夏粥之后，先盛出一盆子来，端到自己的地头上去，用勺子把粥一勺一勺地泼到地里去喂虫子，嘴里叨念着："虫王爷，我敬你为神，你不要吃我的庄稼。"也有的地方认为是迎接夏天的到来，祈盼丰收。二是和谐邻里，村民各家聚到一起，其乐融融，拉近了彼此之间的关系，消除了隔阂，达到了和谐的目的。三是，酷夏将至，人们的食欲减退，立夏粥是用各种杂粮合在一起熬成，有的地方还加入干果，营养丰富，对人的身体有好处。熬立夏粥的风俗从明末清初开始兴起，至今已有四百多年的历史了，据说最早是从海淀区的北安河、西小营村开始的，逐渐向周边传播，而传遍了北京四郊。

饮雄黄酒

饮雄黄酒

农历的五月初五为端午节，是中国比较隆重的传统节日之一。为了纪念屈原，人们在这一天赛龙舟，吃粽子，饮雄黄酒。雄黄酒是用研磨成粉末的雄黄泡制的白酒或黄酒，作为一种中药药材，雄黄可以用作解毒剂、杀虫药。古代人就认为雄黄可以克制蛇、蝎等百虫，"善能杀百毒、辟百邪、制蛊毒，人佩之，入山林而虎狼伏，入川水而百毒不侵"。所以古人不但把雄黄粉末撒在蚊虫孳生的地方，还饮用雄黄酒来祈望能够避邪，让自己不生病。端午节饮雄黄酒据说是源自屈原的家乡。传说屈原投江之后，屈原家乡的人们为了不让蛟龙吃掉屈原的遗体，纷纷把粽子、咸蛋抛入江中。一位老医生拿来一坛雄黄酒倒入江中，说是可以药晕鱼龙，保护屈原。至今，我国不少地方都有喝雄黄酒的习惯。端午节这天，人们把雄黄倒入酒中饮用，并把雄黄酒涂在小孩儿的耳、鼻、额头、手、足等处，希望如此能够使孩子们不受蛇虫的伤害。在汪曾祺的《端午节的鸭蛋》中提到过雄黄酒，其中说："喝雄黄酒。用酒和的雄黄在孩子的额头上画一个王字，这是很多地方都有的。"端午时节及节后，气候炎热，蝇虫飞动，毒气上升，疫病萌发。古人认为人是吃五谷杂粮生百病的，而病从口入，多为邪杂之气，经口鼻吸入。人们在长期同各种病魔斗争过程中，发现饮雄黄酒、佩戴香包能驱邪解毒，自有它的医理。《清嘉录》记载："研雄黄末，屑蒲根，和酒饮之，谓之雄黄酒。"雄黄酒多为男人饮，有些会喝酒的女人也饮些，小孩不能喝，大人就用手蘸酒在小孩面庞耳鼻手心足心涂沫一番。后来人们就在雄黄里加入艾叶、熏草等原料制成香包供妇女和儿童佩戴。

贴戎芦（挂菖蒲）

贴戎芦（挂菖蒲）

端午节是我国的传统节日，为每年农历五月初五，又称端阳节、午日节、五月节、五日节、艾节、端五、重午、午日、夏节，在过去还是夏季一个驱除瘟疫的节日，公元前278年农历五月初五，流放在汨罗江畔的爱国诗人屈原听说楚国的都城被攻陷后，悲愤交加，自沉汨罗江而死。沿岸百姓闻讯纷纷引舟抢救，并向江中抛撒食物，以防止鱼虾伤了屈原的遗体。从此之后每年的这一天，当地群众都要举行这样的活动，以表达对他的怀念之情。

菖蒲是一种多年水生草本植物，有香气，根状茎横走，粗壮，稍扁，叶子形状似剑，民间方士称之为"水剑"，说它可"斩千邪"。菖蒲身上这层驱邪避害的文化含义，使它成了人们过端午节时必不可少的一件物品。民间信仰认为五月为毒月，初五又是毒日，这天，人们将菖蒲（或艾叶扎在一起）挂于门户，也有将菖蒲与艾叶倚在或插在门旁边。老北京人过端午节时大多在院门前和房檐挂菖蒲插艾叶。关于这个习俗也来源于赞扬善德文化。传说唐末农民起义军领袖黄巢在行军中遇到一位逃难的妇女，此女人抱着大的孩子，领着小的孩子，黄巢问她为何不抱小的孩子？女人答：大孩系邻居所托带，不敢有闪失；小孩是己生，故用手牵之。黄巢感叹，命她在端午日家门前挂菖蒲、艾叶，可避兵灾。该妇女将此做法传告了乡亲，于是全村平安，以至成俗。在端午节，有的地方人们还把菖蒲刻成"小人儿""小葫芦"等形状，挂在儿童脖子上，以求吉利。有的还用菖蒲根泡酒，以为喝了能健康长寿。

彩丝系虎

彩丝系虎

古人认为,五月初五日既是纪念屈原的端午节,同时也是"五毒并出"之日,因而人们在这一天要驱毒避邪。其方法除了饮雄黄酒、挂菖蒲之外,还有"彩丝系虎"。端午节这天,妇女用绩绸制成小虎或粽子、葫芦、樱桃等形状,用五彩丝线穿上挂在钗头上,戴在小孩儿的身上,认为这样可以避邪,这项民俗就称之为"彩丝系虎"。清富察敦崇《燕京岁时记》中记载了许多北京清代时的民俗活动,其中就有"彩丝系虎":每至端阳,闺阁中之巧者,用绫罗制成小虎及粽子、葫芦、樱桃、桑葚之类,以彩线穿之,悬于钗头,或系于小儿之背。古诗云:"玉燕钗头艾虎轻。"即此意也。《风俗通》云:五月五日以彩丝系臂,辟鬼及兵,令人不病瘟。一名长命缕,一名续命缕。剪彩为葫芦。又端阳日用彩纸剪成各样葫芦,倒粘于门阑之上,以泄毒气。至初五午后,则取而弃之。相传,在唐代时,宫中常于端午日以彩丝所结长命缕赐诸臣。端午节小孩佩香囊,传说有避邪驱瘟之意,实际上是用于襟头点缀装饰。香囊内有朱砂、雄黄、香药,外包以丝布,清香四溢,再以五色丝线弦扣成索,做各种不同形状,结成一串,形形色色,玲珑可爱。有的还在小老虎、小葫芦里面装上樱桃、桑葚等时鲜的水果,取其香气。过了端午节之后就从身上摘下来扔掉,因为里面的时鲜水果很容易腐烂。

另外还有一种解释,"虎"与"福"谐音,"葫芦"与"福禄"谐音,在身上挂上这两件东西是驱逐邪祟,求得吉祥的意思。

老北京风情系列

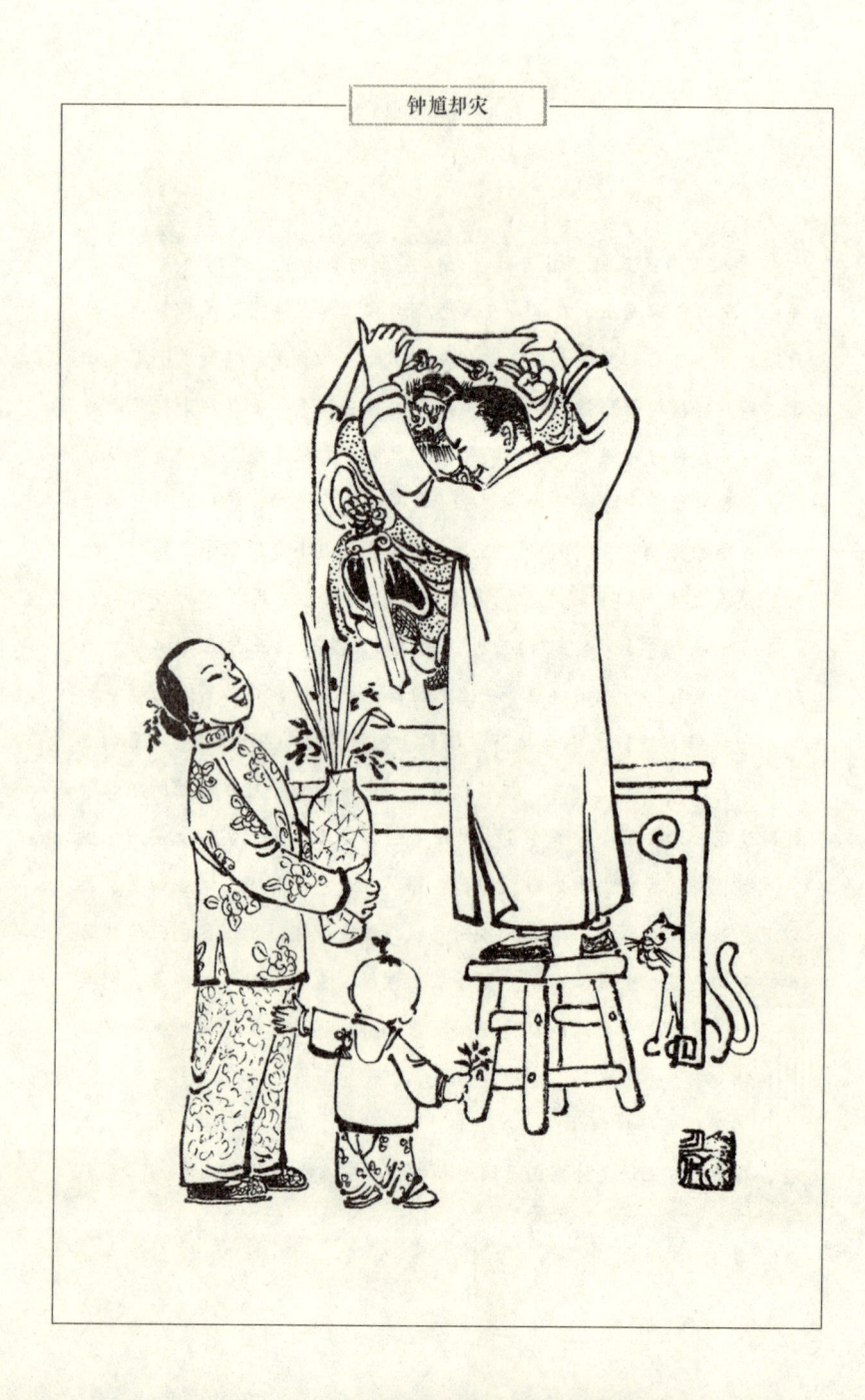

钟馗却灾

钟馗却灾

　　端午日，民间还有"钟馗却灾"的习俗。"钟馗"是中国民间传说中驱鬼逐邪之神，传说他是唐初终南山人，生得豹头环眼，铁面虬髯，相貌奇丑。然而却是个才华横溢、满腹经纶的风流人物，平素为人刚直，不惧邪祟。在唐玄宗登基那年（唐先天元年八月初四，712年9月9日），他赴长安应试，钟馗作《瀛州侍宴》五篇，被主考官誉称"奇才"，取为贡士之首。可是殿试时，奸相卢杞竟以貌取人，迭进谗言，从而使其状元落选。钟馗一怒之下，头撞殿柱而死，震惊朝野。于是德宗下诏封钟馗为"驱魔大神"，遍行天下"斩妖驱邪"，并用状元官职殡葬。传说唐明皇睡梦中见一小鬼偷了杨贵妃的紫香囊和唐明皇的玉笛，绕殿而奔，大鬼捉住小鬼后，把他吃了。大鬼相貌奇丑无比，头戴破纱帽，身穿蓝袍、角带、足踏朝靴，自称是终南山落第进士，因科举不中，撞死于阶前。他对唐明皇说："誓与陛下除尽天下之妖孽。"唐明皇惊醒后得病。病愈后下诏画师吴道子按照梦境绘成《钟馗捉鬼图》批告天下，以祛邪魅。吴道子挥笔而就，原来吴道子也做了个同样的梦，所以"恍若有睹"，因而一蹴而就。钟馗天师不止能斩妖逐邪、净化灾恶，还能保佑加官晋爵、纳福招财、延年佑子，钟馗同时具备"驱邪"与"吉祥"的象征。因为钟馗在中国古代的驱邪招福意涵，经常被作为文人雅士的创作内容，所以钟馗自古以来即深受中国文人的喜爱。农历五月俗称恶月，是瘟病瘴邪流传最盛的季节，所以自明朝开始，每年端午节，人们把钟馗天师与张天师一起供奉，作为各种禳瘟病的保护神。钟馗足踏小鬼，手持宝剑，托一只象征富贵的蝙蝠的造型，寓意除妖降魔，招福纳吉，安放于家中能镇宅辟邪，化解邪祟。

女儿节

女儿节

端午节又称"端阳节""重午节",同时还是"女儿节"。据汉代史书记载,端午节始于夏商周时期的夏至节,到了夏至就进入盛夏,炎热多雨,瘟疫流行。远古医学落后,就产生了祈求平安的宗教活动。春秋战国后,人们为纪念在这一天为国投江殉难的屈原,开始流行包粽子、划龙舟以及插艾蒲、戴香包、饮雄黄酒、挂长命缕等习俗。北方一些地区还有少女要佩灵符,簪榴花,已嫁女要回娘家省亲,故又称为"女儿节"。明代沈榜《宛署杂记》载:"宛(宛平县)俗,自(五月)初一至初五,饰小闺女尽态极妍,出嫁亦积压归宁,因呼为妇儿节。"五天中哪天是女儿节呢?该书又记:"五月女儿节,系端午索。"可知只指端午。清潘荣陛《帝京岁时纪胜》"端阳"条下亦云:"呼是日为女儿节。"把五月初五定为女儿节据说是为了纪念东汉(23—220)孝女曹娥。曹娥是东汉上虞人,她的父亲溺于江中,曹娥数日不见尸体,当时孝女曹娥年仅14岁,昼夜沿江号哭。过了17天,在五月五日也投江而死,5天后抱出父尸,就此传为神话。继而相传至县府知事,令度尚为之立碑,让他的弟子邯郸淳作诔辞颂扬。孝女曹娥之墓在今浙江绍兴,后传曹娥碑为晋王义所书。后人为纪念曹娥的孝节,在曹娥投江之处兴建曹娥庙,她所居住的村镇改名为曹娥镇,曹娥殉父之处定名为曹娥江。早年间北京的女孩子在过五月初五女儿节的时候,用指甲草染红指甲,年轻的小媳妇在鬓旁插一朵鲜红的石榴花,上了岁数的女人也要在耳朵上戴上一枝矮糠尖儿,取其香气。

吃粽子

吃粽子

粽子古称"角黍",是端午节的节日食品,传说是为纪念屈原而流传的,是中国历史上文化积淀最深厚的传统食品。梁吴均《续齐谐记》载:"屈原五月五日投汨罗水,楚人哀之。至此日,以竹筒子贮米投水以祭之。汉建武中,长沙区回忽见一士人自云三闾大夫。谓回日:闻君当见祭,甚善。常年为蛟龙所窃,今若有惠,当以楝叶塞其上,以绿丝缠之。此二物蛟龙所惮。回依其言。今五月五日作粽并带楝叶、五花丝,遗风也。"《异苑》因此说,"粽,屈原姐所作。"按《齐谐记》说法,因为怕祭屈原之米被蛟龙所窃,因此创造了粽子这种形色。因为蛟龙怕楝叶、绿丝。而李时珍《本草纲目》说:"糉,俗作粽。古人以菰芦叶裹黍米煮成,尖角,如棕榈叶心之形,故日粽,日角黍。近世多用糯米矣。今俗,五月五日以为节物,相馈送,或言为祭屈原。作此投江,以饲蛟龙。"晋代,粽子被正式定为端午节食品。这时,包粽子的原料除糯米外,还添加中药益智仁,煮熟的粽子称"益智粽"。南北朝时期,出现杂粽。米中掺杂禽兽肉、板栗、红枣、赤豆等,品种增多。到了唐代,粽子的用米,已"白莹如玉",其形状出现锥形、菱形。宋代时吃粽子已很时尚,元、明时期,粽子的包裹料已从菰叶变革为箬叶,后来又出现用芦苇叶包的粽子,附加料已出现豆沙、猪肉、松子仁、枣子、胡桃等,品种更加丰富多彩。一直到今天,每年五月初,中国百姓家家都要浸糯米、洗粽叶、包粽子,其花色品种更为繁多。从馅料看,北方多包小枣的北京枣粽;南方则有豆沙、鲜肉、八宝、火腿、蛋黄等多种馅料。

扬灾

扬灾

　　五月端午的民俗活动很多,除了赛龙舟、吃粽子纪念屈原之外,还有许多民俗活动。例如佩香囊、饮雄黄酒、插艾叶、挂菖蒲等,这些都是为了驱邪避毒而形成的风俗。早年间人们认为,农历五月,天气开始炎热,毒虫出现,容易伤人,疾病也开始流行了,因此认为五月是"恶"月。为了求得平安,人们佩戴香囊、插艾叶、挂菖蒲、饮雄黄酒,在手腕上系五彩的长命线,用红纸剪成老虎、葫芦样的窗花贴在门窗上,这一切都是为了驱邪除祟。雄黄、艾叶、菖蒲是中药,有解毒的功效,香囊由各种花色的布缝制而成,内装由丁香、香草、白芷、甘松、苍术和雄黄等制成的香料粉,用五彩线作索戴在小孩身上。香囊里装的中草药物,可散发香气,防止蚊叮虫咬。至于老虎、葫芦形的窗花则只是一种象征性而已,其实起不了实际作用,只能给人一种心理上的安慰而已。端午节过后,人们要把这些东西一起扔到大门外去,叫做"扬灾",也叫"丢祟"。那些用来驱邪的东西有的里面已经装满了灾祸,有的东西因为消除五毒,功力已经耗尽,有的在香囊之中装入了樱桃、桑葚等时鲜的水果,这些水果水分很大,皮又很薄,极易腐烂,因而全都要扔掉。扔掉了这些东西就代表着扔掉了灾难、邪祟,人们就可以平安度日了,这是一种美好的期盼。另一方面这也是一个打扫卫生的过程,对于清洁室内环境有益处。

晾晒

晾晒

夏至节后，恰逢小暑、大暑节气，气温升高，有时高达40℃左右，已超过人和动物的体温。汉代刘熙曰："暑，煮也，热如煮物也。"而数伏正是以农历六月初六为中心的。过六月六，老北京有很多民俗，例如洗浴、晒物、洗象、晒经、赏荷、看谷秀等。农历六月初六，民间称为"洗晒节"。因这时天气已非常闷热，再加上到了雨季，空气湿度增大，万物极易霉腐损坏。所以在这一天从皇宫到民间，从城镇到农家小院都有很多洗浴和晒物的习俗。每当六月六，如果恰逢晴天，皇宫内的全部銮驾都要陈列出来暴晒，皇史宬、宫内的档案、实录、御制文集等，也要摆在庭院中通风晾晒。这一天还有"晾经节"之称，各地的大大小小的寺庙道观要在这一天举行"晾经会"，把所存的经书通通摆出来晾晒，以防经书潮湿、虫蛀鼠咬。例如旧京的白云观藏经楼里，藏有道教经书五千多卷，在每年的六月初一至初七，白云观要举行晾经会，届时道士们衣冠整洁、焚香秉烛，把藏经楼里的"道藏"通通拿出来通风翻晒。广安门内著名的善果寺每逢六月初六也要作斋，举办"晾经法会"，僧侣们要礼佛、诵经，届时开庙一天。那时看完洗象的百姓，都会涌到善果寺中观看晾经，所以寺前也形成临时集市，非常热闹。民间的轿铺、估衣铺、皮货铺、旧书铺、字画店、药店以及林林总总的各类商店，都要晾晒各种商品。城市和农村的黎民百姓要晒衣服、被褥。民谚有云，"六月六，人晒衣裳龙晒袍"，"六月六，家家晒红绿"，"红绿"就是指五颜六色的各样衣服。清代的北京居民都在六月初六这天翻箱倒柜，拿出衣物、鞋帽、被褥晾晒。因此，有的地方叫"晒衣节"或"晒伏"。

看谷秀

看谷秀

农历六月初六是农民很看重的一个节,按节气,此时已近大暑,入初伏。民谣唱:"知了叫,河水响,你看庄稼长不长。"这时节气温高,光照足,雨水充沛,秋庄稼长势正旺,春茬谷子、黍子等作物已开始抽穗,今年的辛劳没有白费,已经丰收在望了,农民心里都很高兴,于是就有了辈辈相传的习俗:"六月六,看谷秀(抽穗),揭开包子一包肉。"意思是六月六这天晌午,家家户户都要吃一顿肉馅儿的大包子,祈望秋收前风调雨顺,秋收时五谷丰登。另外,六月六前后正值农闲时节,一些民俗活动就集中在这个时间内举行了。在这个时间里,主要的民俗有三:一是"尝新",新女婿把新打下来的麦子磨成面,送给岳父母去尝个鲜儿。这一天的晌午,岳父母要盛情款待新女婿一番,一般是吃肉馅儿的白面包子。二是"请媳妇、请女婿",这是指已经定亲的青年男女双方在这天要互请。宴请这天,媳妇(女婿)被视为上宾,要好好地招待。三是"送六月六",这是指新媳妇在这期间要送给婆家礼物,送礼的日子一般选择六月初二或六月初四。所送的礼物大多是面食,例如大烧饼、大馒头等。早年间还有送给婆婆一双鞋和蒲团(俗称蒲垫子)的习俗,现已不多见。民间相传,六月六这个节是"管"婆婆的,这天,婆婆不能给媳妇气受,要和睦相待。婆媳关系是家庭和睦的关键,所以乡间自古即有民谣:"新媳妇不送六月六,烂掉婆婆脖后一块肉。"意思是说因为婆媳不和,所以媳妇才不给婆婆送礼,这样的家庭也过不好日子。

扫晴

扫晴

入伏之后，北京进入雨季，有的时候连阴雨下个不停，好多天也不晴天。连绵的阴雨对于人们的工作、生活、出行都造成了困难。地里的庄稼缺了雨不行，雨水多了也不行，会烂在地里，于是人们就盼望着天晴，从而也就出现了"扫晴"的风俗，也就是扫开天上的乌云。人是无力完成这项工作的，只能求助于一位女神，这位女神就是"扫晴娘"。"扫晴娘"亦称"扫晴妇"，旧俗指久雨求晴时剪纸做成的持帚女形。挂"扫晴娘"像习俗是流行于北京、陕西、河南、河北、甘肃、江苏等地的传统习俗。明清两代，扫晴习俗在民间盛行，富察敦崇《燕京岁时记》亦记载了此俗。明代刘侗、于奕正《帝京景物略·春场》记载有北京地区的这种风俗："雨久，以白纸作妇人首，剪红绿纸衣之，以苕帚苗缚小帚，令携之，竿悬檐际，曰扫晴娘。"清代赵翼《陔馀丛考·扫晴娘》说："吴俗，久雨后，闺阁中有剪纸为女形，手持一帚，悬檐下以祈晴，谓之扫晴娘。按：元初李俊民有《扫晴妇》诗：'卷袖搴裳手持帚，挂向阴空便摇手。'其形可想见也。俊民泽州人，而咏如此，可见北省亦有此俗，不独江南为然矣。"目前，北方农村仍保留这一做法，偏僻地区偶能见到。"扫晴娘"的形象以一手提帚为多，亦有头上剪莲花、两手提苕帚的变体，但人物像皆为剪影式的阴刻，重外形轮廓的形似、神似，而减少面部和衣纹的细致刻画，代表了民间剪纸艺术的另一种风格。

洗浴

洗浴

六月六这天除去讲究晾晒之外，还讲究洗浴。洗浴的时候讲究用太阳晒热的水，据说是对于妇女洗头最有好处。妇女在这天用太阳晒热的水洗了头发，秀发会油光水滑，一年都不腻不垢。洗澡则皮肤光滑细嫩，一年不生皮肤病。六月六这天还是皇家洗象的日子。明清时期，皇宫中例于三伏日为畜养之象洗浴，届时遣官以鼓乐引导、监浴。往往河两岸观者万众，其情形多于诗人吟咏见之。明刘侗、于奕正《帝京景物略·春场》："三伏日洗象，锦衣卫官以旗鼓迎象出顺承门，浴响闸。象次第入于河也，则苍山之颓也，额耳昂回，鼻舒纠吸嘘出水面，矫矫有蛟龙之势。象奴挽索据脊，时时出没其髻。观时两岸各万众。""象房有象时，每岁六月六日牵往宣武门外河内浴之，观者如堵，后因象疯伤人，遂不豢养。光绪十年以前尚及见之。象房在宣武门内城根迤西，归銮仪卫管理。有入观者，能以鼻作觱篥铜鼓声。观者持钱畀象奴，如教献技，又必斜睨象奴受钱满数，而后昂鼻俯首，呜呜出声。将病，耳中出油，谓之山性发。象寿最长，道光间有老象，牙有铜箍，谓是唐朝故物，乃安史之辈携来者。后因象奴等克扣太甚，相继倒毙。故咸丰以后十余年象房无象。同治末年、光绪初年，越南国贡象二次，共六七只，极其肥壮。都人观者喜有太平之征，欣欣载道。自东长安门伤人之后，全行拘禁，不复应差，三二年间饥饿殆尽矣。"清潘荣陛《帝京岁时纪胜·六月·洗象》载："銮仪卫则驯象所，于三伏日，仪官具履服，设仪仗鼓吹，导象出宣武门西牖水滨浴之。城下结彩棚，设仪官公廨监浴，都人于两岸观望，环聚如堵。"明徐渭有《宣武门河看洗象》，清王士禛有《洗象行》诗，咏其事。

荷花市场

荷花市场

"荷花市场"位于什刹海荷花池畔西岸,起于20世纪20年代,市场有许多售卖荷鲜、冰碗等小吃的食品摊点。中间是荷花池,池外掘有护河,河上架板,板上搭棚演出。这里是北京平民消夏胜地,设有游艺场和商品市场,内多有曲艺明地演出。每年农历五月初五端午节后开始,至八月止。每日近午开演,日落前结束。观者须买一份二角水牌子,卖艺之收入即含在茶钱之内。据沈太侔《春明采风志》记载:"什刹海,地安门迤西,荷花最盛,六月间士女云集,皆在前海之北岸。同治间忽设茶棚,添各种玩意。"后来由搭茶棚而建饭馆,陆续添建了不少房屋,而荷花市场则移到前海中间的大堤上了。当时什刹海水面遍植荷花,岸边垂柳依河,景致绝佳,这个市场就以荷花市场为名了。清末的《天咫偶闻》记述其情境为:"都人游踪,多集于什刹海,以其去市最近,故裙屐争趋。长夏夕阳,火伞初敛。柳阴水曲,团扇风前。几席纵横,茶瓜狼藉。玻璃十顷,卷卷溶溶。菡萏一枝,飘香冉冉。"清末民初之时,荷花市场是个季节性的市场,大约每年五月端午之后开市,到七月十五盂兰盆会过后,随着天气的渐凉,就该收市了。《北京俗曲十二景》唱道:"六月三伏好热天,什刹海前正好赏莲,男男女女人不断,听完大鼓书,再听十不闲。逛河沿,果子摊全,西瓜香瓜杠口甜,冰镇的酸梅汤打冰乍。买了把子莲蓬,回转家园。"进入民国以后,荷花市场仍兴旺了一阵子。《旧都文物略》记述道:"前海周约三里,荷花极盛。西北两面多为第宅。中有长堤,自北而东,沿堤植柳,高入云际。自夏而秋,堤上遍设茶嗣,间陈百戏以供娱乐。"

夏至面

夏至面

夏至是二十四节气中最早被确定的一个节气。公元前7世纪，先人采用土圭测日影，就确定了夏至。每年的夏至从6月21日（或22日）开始，至7月7日（或8日）结束。据《恪遵宪度抄本》说："日北至，日长之至，日影短至，故曰夏至。至者，极也。"夏至这天，太阳直射地面的位置到达一年的最北端，几乎直射北回归线（北纬23°26′），北半球的白昼达最长，且越往北昼越长，这时北京的白昼达到了15小时。夏至以后，太阳直射地面的位置逐渐南移，北半球的白昼日渐缩短。按照中国传统的天文历法每年的6月21日或22日，太阳到达黄经90度，是"夏至"节气。过夏至节，民间有"吃过夏至面，一天短一线"的说法，其意思说，过了夏至之后，白天就一天比一天短了。

夏至是全年白昼最长的一天。周代就已经有了在这一天祭祀神灵的仪式，认为可以消除国中的疫病、荒年与人民的饥饿。过夏至节，各地的风俗不同，北京讲究吃过水面。清潘荣陛《帝京岁时纪胜》载："是日，家家俱食冷淘面，即俗说过水面是也……谚云：'冬至馄饨夏至面'。"北京人吃的过水面讲究把煮熟了的面条放到刚从井里汲上来的凉水中过一下，使其变凉、变硬，捞到碗里，浇上调稀了的芝麻酱，或者熬好的老咸菜汤沏了花椒油，用来浇面，图的就是吃着利落、爽口、痛快。再放上绿豆芽、菠菜、韭菜、黄瓜丝等菜码，越吃越香。这一天各家的饭食全都一样，无论是婚丧嫁娶、说亲祝寿，一律都是吃过水面。

头伏饺子

头伏饺子

"伏"表示阴气受阳气所迫藏伏在地下的意思，每年有三个伏，三伏天是一年中最热的季节。伏天的起讫时间每年不尽相同，大致是在七月中旬到八月中旬。具体是怎样计算的呢？我国古代流行的"干支纪日法"是用天干（甲、乙、丙、丁、戊、己、庚、辛、壬、癸）与地支（子、丑、寅、卯、辰、巳、午、未、申、酉、戌、亥）相配而成的60组不同的名称来记日子，每逢有庚字的日子叫庚日。秦汉时盛行"五行相生相克"的说法，认为最热的夏天日子属火，而庚属金，金怕火烧熔（火克金），所以到庚日，金必伏藏。于是规定从夏至开始，依照干、支纪日的排列，第三个庚日为初伏（有10天），立秋后的第一个庚日起为末伏，也称终伏。当夏至与立秋之间出现4个庚日时，中伏为10天，出现5个庚日则为20天。所以第四个庚日起的中伏到末伏有时10天，有时是20天。而"头伏"和"末伏"都是10天。初伏的第一天，开始进入一年中最热的一段时间。北京民谚有"头伏饺子，二伏面，三伏烙饼摊鸡蛋"之说。头伏为什么要吃饺子呢？因为每逢伏天，人的胃口就不好，吃不下去东西，而饺子在中国人的传统习俗里正是开胃解馋的食物。伏日宜吃面，这一习俗至少三国时期就已开始了。为什么在热天里吃热面？南朝梁宗懔《荆楚岁时记》中说："六月伏日食汤饼，名为辟恶。"五月是恶月，六月亦沾恶月的边儿，故也应"辟恶"。用新小麦磨成面粉煮汤吃，吃后出一身汗，新粮营养丰富，发汗可以驱病，六月食汤饼是有科学道理的。伏天除了喝热汤面，还可以吃过水面和炒面。

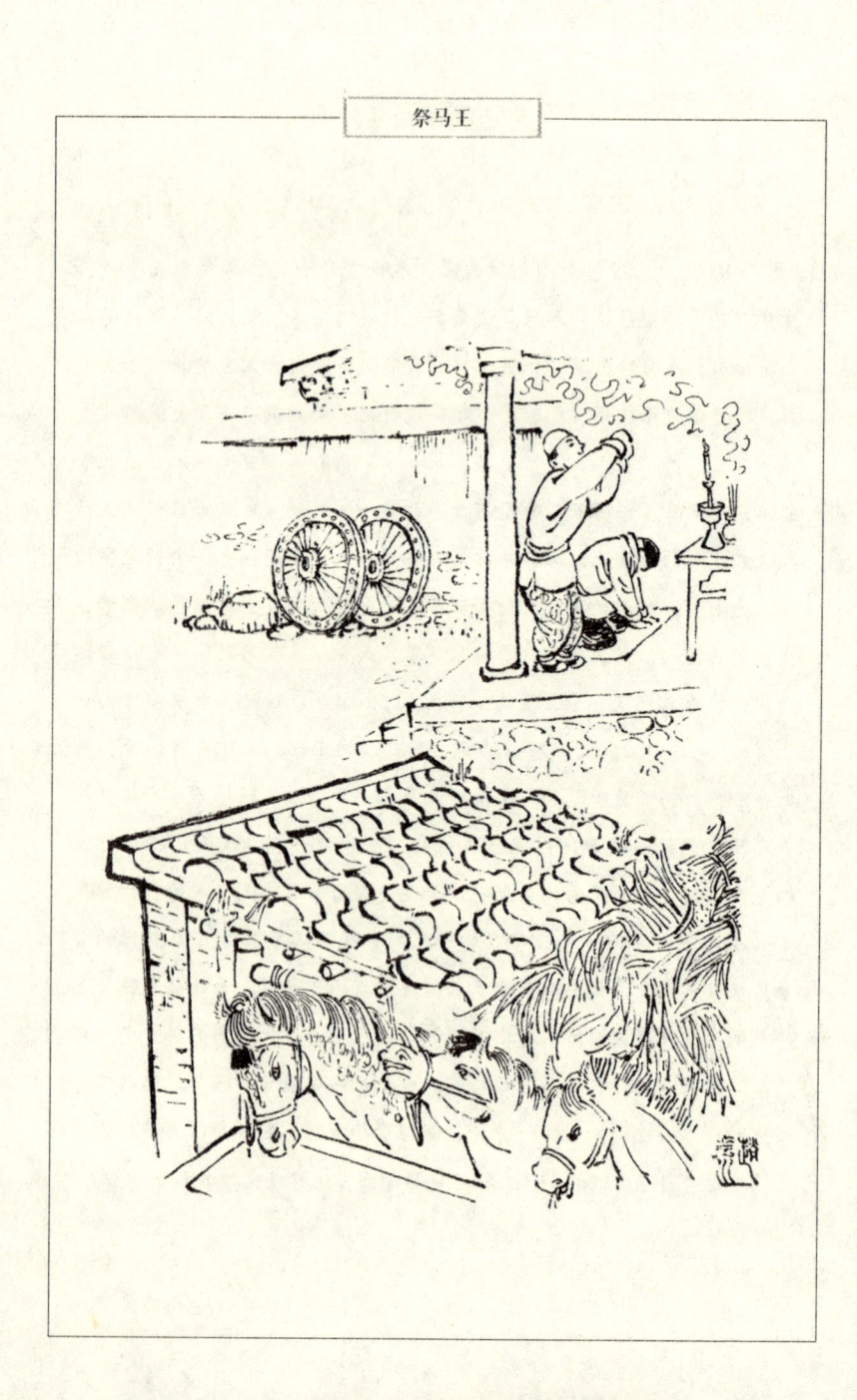

祭马王

祭马王

马王爷即马神，一般俗称为马王爷，全名叫"水草马明王"，其标志是长有三只眼睛，这就是人们经常所说的"马王爷，三只眼"。马王爷的来历说法比较多。一般而言：一、有说是天上的天驷星，《南游记》里边说他叫作"三眼华光"。二、有说是殷纣王之子殷郊的。《封神演义》里边的殷郊，也有三只眼。三、有说是汉武帝时候的大臣、匈奴王子金日，不过没有"三只眼"。四、道教的神明，全称"灵官马元帅"。传说长有三只眼，又称"三眼灵光""三眼灵曜"。马王爷的生日是六月二十三，民间举行祭祀活动，正式祭品是一只全羊，因为人们认为马王是在回教的。马王爷的职责不只是管马，骡子、毛驴、骆驼也都归他管。在过去，科技还不发达，交通工具主要以马、驴、骡等大牲畜为主，货物运输，代步出行，都靠着大牲口。过去有的人家就专门依靠大牲口养家度日，用大牲口组成驮队，到远处去运输货物，用牲口拉大车，可以运输更多的货物，养不起大骡子、大马的人家养头毛驴也能糊口度日，老北京有好几处"驴口儿"，其作用类似于现在的出租汽车聚集之地，人们到比较远的地方去，例如到白云观去烧香，到东岳庙去逛庙，有许多人都是到驴口儿去雇毛驴，代步而行。马王爷是主管大牲畜的神灵，养牲口的人家对于马王爷特别敬重。农历六月二十三是马王爷的生日，要隆重祭祀马王爷，一只白羊、香烛、千张、凤钱、草料等。这一天还要给牲口放一天假，不出去干活儿，叫劳累了一年的牲口休息一天。

夏至一九二九,扇不离手

夏至一九二九，扇不离手

"九九歌"是利用人对寒冷的感觉以及物候现象（即因天气气温的变化而导致动植物变化的现象，如柳树发芽，桃树开花，大雁飞来等等，均与当时气温有关，而这些与几月几日并无必然关系）来反映天气的冷暖。北京地区流行的"九九歌"是这样的："一九二九，不出手；三九四九，冰上走；五九六九，沿河看柳；七九河开，八九雁来；九九加一九，耕牛遍地走。"通俗押韵，读起来朗朗上口，便于记忆。夏天的九九是与冬天相对应的，从夏至日算起，也有九九八十一天，据明代《五杂俎》记载为："一九二九，扇子不离手；三九二十七，冰水甜如蜜（古代有冰窖，冬天藏冰，夏天取出应用）；四九三十六，汗出如洗浴；五九四十五，树头秋叶舞；六九五十四，乘凉不入寺；七九六十三，床头寻被单；八九七十二，思量盖夹被；九九八十一，阶前鸣促织（促织指蛐蛐）。"夏天的"九九歌"写得十分生动有趣，而且以人的主观感觉为主。

一入了伏，天气最炎热的时候就到了。人们尽管都已经换上了轻薄的衣裳，但是依然暑热难耐，需要借助扇子驱逐一些热气，使自己凉爽一些。扇子是北京的一种文化现象，老爷子腆胸叠肚，穿着一件汗褟，坐在大槐树下摇的是芭蕉扇，这是京城百姓普通的扇凉工具。进茶馆入戏楼摇的是纸扇，纸扇在南纸店出售，扇骨、扇面都有讲究，好扇骨有湘妃竹的、凤眼竹的；扇面则分几层绵纸的，最好的是七层，如果是洒金扇再加上名人字画，这把扇子可就值老钱了。最不济的就是那一抹黑的纸扇了。再有就是羽毛扇，是用鹅翎扎成的，就像戏剧里诸葛亮用的扇子一样。

三九二十七，吃茶如蜜汁

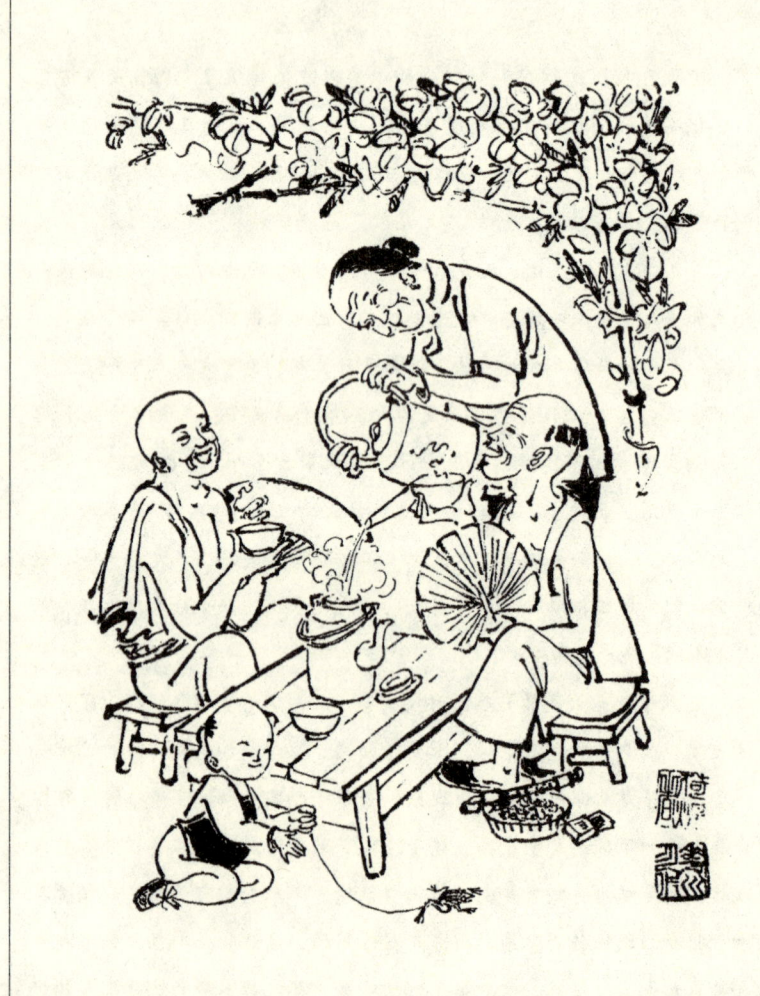

三九二十七，吃茶如蜜汁

夏季天气炎热，酷暑难耐，人们出汗多，就需要大量地补充水分，要补充水分最好的方式当然就是喝茶了，可是到了这个时候那些大茶馆里去的人少了，因为那些地方太热了。到哪儿去喝茶呢？最好的地方莫过于水边上了。早年间在什刹海、积水潭、北海、中山公园、护城河边上都有季节性茶座，有的摆在大树下，有的摆在棚子里，四外无遮挡。因为这些地方有水，有水就有清凉，气温要比其他的地方低上几度，相比之下就比较凉快，所以人们就喜欢到这里喝茶闲坐。临风面水，边喝茶聊天，边观赏风景，好不惬意。

城门脸儿人来人往，是人比较多的地方，也有喝茶的地方，不是茶馆，也不是茶座儿，而是茶棚儿，用一块厚布支起来个棚子，一张桌子，几条板凳，几把茶壶，几个茶碗，这就能够做买卖了。到这里来喝茶的人大多是行脚赶路之人，在炎炎烈日下赶路，到这里喝壶茶，歇歇脚，喘口气儿，缓缓劲儿，然后再走。至于那些卖苦力的哥们儿一般都去喝大碗儿茶，早年间有在街头上摆摊儿卖大碗儿茶的，一把豆绿色大茶壶里泡的是酸枣叶子，几个粗瓷大碗。到这里来喝大碗儿茶，喝得多，解渴，花钱还少，因而这种大碗茶最受穷哥们儿的欢迎。在北京夏季解暑的饮品除去茶水之外，还有北京特有的冷饮，像什么牛奶酪、雪花酪、酸梅汤，都是冰镇的。最有特色的就是卖冰核儿的，做这种买卖的一般都是十二三岁的孩子，推着一辆木制的独轮车，车上码着一块从冰窖里买来的天然冰，上面蒙着一块白布，瞧着就那么干净，一边走一边吆喝："甜核儿嘞！"谁要买，他就用冰镩子凿下一块儿来。

四九三十六，争向路头宿

四九三十六，争向路头宿

俗话说，"冷在三九，热在中伏"，到了中伏，酷热的天气就更加叫人难以忍受了，白天的时候还好一点儿，人们可以到水边儿去，什么什刹海、护城河边上，那里有水，气温相对就低一些。就是到胡同里的大树底下，也比一般的地方凉快多了，感觉还好受一点儿。到了夜里怎么办呢？夜里人们是要回家去睡觉的。虽然是到了夜里，太阳已经落下去了，但是暑气却仍然不消退，热得人汗水淋漓。当时还没有电风扇，更没空调，屋子里热得让人难以忍受，更不用说睡觉了，不过了夜间子时，凉风下不来，谁也睡不着觉。北京人为了度过酷暑炎夏，想尽了各种方法为自己家里降温，例如为了使屋子里通风透气，而在屋门口儿挂上竹帘子，在窗户上糊上冷布。为了遮挡阳光而在房檐下挂上了苇帘儿，有钱的人家还在四合院里搭起了凉棚，以此来阻挡喷火似的阳光照射宅院。如果院子里有棵大树，那么在树底下就是最好的避暑之地了。有些住在大杂院里的人们，干脆就到院子里来睡了，有的搬来了躺椅，有的则在地上铺上了凉席。敢在院子里睡觉的人一般都是男人，躺在那里一边扇着扇子，一边聊大天儿、讲故事，什么山南海北、狐鬼灵怪的，一聊就是半宿，慢慢地就睡着了。还有的人就索性去找更凉快的地方，到庙台上、护城河边上去睡觉，郊区农民则在自家地里搭个窝棚，就到这里来睡觉，既可以"看青"，又可以凉快一些。不过庄稼地、菜地里的蚊虫比较多，用艾蒿拧一根火绳，点燃后用以驱逐蚊虫。北京昼夜温差大，过了半夜子时，天气就凉快多了，到了那时候一般就可以安睡了。

五九四十五，树头秋叶舞

五九四十五，树头秋叶舞

"立秋"是秋季的开始，但是立秋之后还有一伏呢，所以人们感觉天气依然炎热。虽说天气还是热，但是暑气已经开始逐渐地消退了，空气中的湿度也没有盛夏之时那么大，人就感觉好受多了，起码早晚要凉快多了，夜里也能够睡觉了。随着秋意的逐渐加深，白昼逐渐变短，黑夜逐渐加长。但是对于秋天的悄悄到来，人们还浑然不知，只有看见有树叶子从树上落下来的时候，人们这时候才意识到，秋天到来了。

秋季是北京最美丽的季节，院子里逐渐地染上了秋色，枣树的枝头挂满了青绿的大枣儿，葡萄架上垂挂着一串串的葡萄开始变成紫色，好像一串串的玛瑙珠儿，瓜棚上挂着的丝瓜开始变长变粗，预示着即将成熟。趁此机会摘下来，做个肉丝炒丝瓜，吃起来别有一种风味。窗沿下花池子里的美人蕉越长越高大，红红的花朵越来越娇艳，在宽大的绿叶衬托下，越发显示出迷人的姿色，美丽得就像美人的嘴唇一般艳丽。各种颜色的花朵，各种美丽的色彩开始点缀北京城，使北京城变得五彩斑斓，花团锦簇。空中忽然传来了"嗡嗡"的鸽子哨声，抬头仰望，一群群雪白的鸽子，在蓝天上翱翔，是那么地畅快，那么地自由自在。护城河边上，蜻蜓飞舞着，大树下，孩子们开始斗蛐蛐。这一切都标志着，北京的秋季到来了。秋季是五彩斑斓的季节，秋季是收获的季节，秋季是心情舒畅的季节，虽然美丽的秋季还没有到来，但从树上落下的第一片叶子，人们就已经听到了秋季的脚步声，美丽的秋季正在向古老的北京城走来。

六九五十四，乘凉不入寺

六九五十四，乘凉不入寺

时至"六九"，已经是数伏的末尾之时了，太阳依旧还是挺火热，炎热不愿意就此而退却，拼命地显示着自己的威力，尤其是中午和后半晌，天气依然还十分炎热，但是由于空气中湿度的减小，人们那种憋闷的感觉已经好得多了，不时有小风儿吹拂过来，使人们找到了凉快的感觉。北京的天开始逐渐变高、变蓝了，云彩也逐渐地变淡、变白了，空气中的透明度越来越好，人们的心情也从因暑热而产生的压抑中逐渐地解放出来，开始变得痛快了起来。当太阳落下去之后，暑气也随之减弱了不少，甚至还有了一丝寒意。到了晚上，人们可以进屋去休息了，没有必要再在院子里一待就是半宿了。

北京的古寺古庙比较多，庙内的殿宇一般都比较高大，寺内的古松古柏遮天蔽日，阻挡了太阳光的照射，给古老的寺院撑起了一片阴凉。在炎炎盛夏，人们喜欢到这里来寻找清凉，有的人甚至到庙台上去睡觉。但是到了这个时候可就不适宜再在庙堂上睡觉了。虽然天气开始转凉，但是人们身体上的汗毛眼儿依然还都开着，如果再像过去那样到庙台上去睡觉，一股凉风袭来，就可能"贼风入骨"，伤及到人的机体，轻者腰酸背痛，重者说不定会嘴歪眼斜，因而老人就会告诫年轻人，不要到庙台上去睡觉了，以防邪风侵入。老年人也不能在庙里的大树下坐的时间过久，那是会受凉的。这是符合中医理论的，具有一定的科学性。因而在"夏九九歌"里，就有"六九五十四，乘凉不入寺"之说。

老北京风情系列

七九六十三，入眠寻被单

七九六十三，入眠寻被单

入伏之后的第六十三天，按照节气来说已经进入了秋季，已经出伏了，最炎热的日子总算是熬过去了，人们迎来的将是凉爽惬意的秋天。但是炎热的天气并不愿意就此而离去，拼尽最后的力气仍在发着淫威，北京人把这种天气称为"秋老虎"。天气虽然还比较炎热，但毕竟已经是强弩之末了，节气不饶人，这是自然规律，谁也违背不了。天气虽热，但是已经没有数伏的时候那么闷热的感觉了，也就是中午和下半晌还比较热，早晚之时已经有凉意，特别是太阳一落山，人们立刻就觉得凉爽了许多。昼夜的温差变化在秋季里表现得特别明显，白天的时候还穿着背心、汗褂或者短袖汗衫，到了晚上，就要穿上长衣服了。在北京的四合院里，晚上在院子里摇着扇子乘凉聊天儿的人少了，空中飞舞着的萤火虫告诉人们，秋天已经到来了。北京的昼夜温差大，在初秋的时候，白天和夜里的气温能差上十来度，人们在晚上开始躺下睡觉的时候，气温还比较高，这时候在身上可以不盖任何东西，也不会觉得很凉，但是到了后半夜，凉风一下来，人们可就受不了了，睡梦中的年轻人往往会被冻醒，赶紧起来找一条被单子，或者毛巾被、夹被子盖在身上，否则腿会冻得抽筋儿的。老年人或者身体弱的人更怕凉，这个时候已经盖上薄棉被了。因而在"夏九九歌"里面才有了"七九六十三，入眠寻被单"的说法，这是很确切的。

八九七十二，被单添夹被

八九七十二，被单添夹被

到了从入伏算起的七十二天的时候，已经真正地进入了秋季，暑气基本上消退了，人们把夏季所用的凉席、枕席、毛巾被经过洗涤之后都收拾起来了，虽然中午时分还比较热，但是到了夜间已经相当地凉爽了，睡觉的时候再盖毛巾被、被单子已经抵挡不住凉风的侵袭了，要换上薄棉被了，俗话说"二八月，乱穿衣"。老年人和体质弱的人晚上睡觉的时候已经盖上了冬天所用的棉被了，在白天的时候也已经换上了厚衣服，甚至穿上了棉坎肩、薄棉衣了。可是爱美的年轻人还只穿着单衣，这就叫作"美丽冻人"啊！

秋天是北京最美丽的季节，著名的"燕京八景"中的"太液秋波"就是北海秋天的景色。秋天的北京天变蓝了，云变白了，树叶变黄了，菊花也盛开了，各种水果也成熟了，开始大量上市了。西山风景区又将迎来观赏红叶的时候了，五角枫、黄栌、爬山虎的叶子都即将变红了，如果再下上一场霜，红得也就会更加娇艳了，北京城即将变成五彩斑斓的世界，到中山公园（原来叫中央公园）去观赏菊花展，到北海的碧波之中去荡舟，去西山观赏红叶，将会成为这个季节里休闲方式的最好选择。但美好的东西总是短暂的，北京的秋天虽然很美，可是太短暂了，只有四十几天，很快地就会变冷了。俗话说"一场秋雨一场寒"，下一次雨就会变冷一些，几场秋雨过后，树上的叶子开始大量地飘落了，逐渐地显现出了一派凄凉的景象，预示着寒冷的冬天即将到来。

九九八十一，家家打炭墼

九九八十一，家家打炭墼

从入伏开始，当数到了九九八十一天的时候，就连秋天都快要过去了，天气已经变凉，预示着冬天就要到了，人们已经开始为度过冬天的严寒而做准备。从明代之后，北京人取暖就从烧木柴改为以烧煤为主了，清代康熙皇帝说："京城百万军民炊爨均赖西山之煤。"北京冬季所用的是门头沟煤和房山产的煤，当时从产煤之地把煤运到京城来，主要运输工具就是骆驼，一到秋季，从门头沟和房山往北京城运煤的驼队日夜不息。北京城里不仅几百家煤铺子在大量购进煤炭，就连大宅门、机关、学校也都在大量购进煤炭，准备过冬之用。秋高气爽，天气干燥，因而人们都在这时候把购进来的煤末子制成煤球儿。很快煤球就能干了。制作煤球称为"摇煤球"，这是一种特殊的手艺，看着简单，干起来很不容易，既需要力气，还要有技术，一般人干不了。摇煤球要用黄土作为黏合剂，把煤末子掺上黄土和匀之后先摊成一寸厚的薄饼，再切成一立方寸大小的块状。摇煤球的工具是筛子和花盆，把荆条编成的筛子放在花盆上，把小煤铲到筛子里，以花盆为支点，做圆周形的波浪运动，磨去小煤上的棱角，并且使其变得瓷实，成为乒乓球大小的球状体，煤球就摇成了。小家小户的用不了那么多煤，自己不会摇煤球的手艺，也没有必要去雇佣摇煤球的师傅，就自己把煤末子掺上黄土之后，用手把煤团成煤球，俗称"攥煤球儿"。在这个季节里，推开北京人家四合院的黑漆大门，院子里的空闲之地都晾晒着黑乎乎的煤球儿，这也是北京在秋季里的一景。

乞巧

乞巧

农历七月初七，俗称"七夕""乞巧节"或"女节"。因这天的许多习俗跟妇女相关，现代作家邓拓的《燕山夜话》及欧阳山的《三家巷》，都称"七夕"为我国古代的妇女节。"七夕"之所以成为节，源于牛郎织女的传说。汉代的《古诗十九首》之一道："迢迢牵牛星，皎皎河汉女。纤纤擢素手，札札弄机杼；终日不成章，泣涕零如雨。河汉清且浅，相去复几许？盈盈一水间，脉脉不得语。"可见，这一传说早在汉代就很流行了。从《淮南子》《荆楚岁时记》等古籍记载反映，七夕之俗确实与牛郎织女的民间传说有关。因传说中织女是个勤劳、善良、多情的典型女性形象，是令人尊敬的劳动巧手，所以历代的妇女都要在农历七月初七这天，去向织女乞巧，乞求劳动技巧和婚姻匹配的"巧"。按照旧时的风俗，农历七月七日夜（或七月六日夜），穿着新衣的少女们在庭院向织女星乞求智巧，称为"乞巧"。乞巧的方式大多是姑娘们穿针引线验巧，做些小物品赛巧，摆上些瓜果乞巧，各个地区乞巧的方式不尽相同，各有趣味。近代的穿针引线、蒸巧馍馍、烙巧果子、生巧芽以及用面塑、剪纸、彩绣等形式做成的装饰品等亦是乞巧风俗的延伸。

北京的乞巧是在七月初七的中午时分，把一碗水放到太阳底下去晒，女孩子们把绣花针轻轻地放在水面上，在水面张力的作用下，绣花针会漂浮在水面上，针影映在碗底上，通过观看针影的形状来判断姑娘的拙与巧，如果针影像花、像云、像细线，这说明这位投针的姑娘是一位巧妇。如果针影像棒槌，那就表示投针者是个笨丫头。乞得巧的姑娘会喜笑颜开，没有乞得巧的姑娘会躲到一边去擦眼泪。巧与不巧全由天上的织女说了算。

葡萄架下

葡萄架下

牛郎织女是我国最有名的民间传说之一，也是我国人民最早关于星的故事。南北朝时代任昉的《述异记》里记载："大河之东，有美女丽人，乃天帝之子，机杼女工，年年劳役，织成云雾绢缣之衣，辛苦殊无欢悦，容貌不暇整理，天帝怜其独处，嫁与河西牵牛为妻，自此即废织纴之功，贪欢不归。帝怒，责归河东，一年一度相会。"相传织女是王母娘娘的外孙女，在天上织云彩。牛郎是人间的一个看牛郎，受兄嫂虐待。有一天，老牛告诉他，织女要和别的仙女到银河去洗澡，叫牛郎去取织女的一件仙衣，织女找衣服的时候，再还给她，并要求和她结婚，她一定会答应。牛郎就照样做了，织女和牛郎结婚后，生了一男一女，王母娘娘知道了，便把织女捉回去。老牛又告诉牛郎，牛郎可以把它的皮披在身上，追到天上去。等牛郎挑了两个小孩，追到天上去时，王母娘娘拔下头上的发簪，在织女后面一划，形成一道天河，把这一对恩爱夫妻隔开了。他们天天隔河相望啼泣，感动了王母娘娘，于是允许他们每年七月七日相会一次。相会时，由喜鹊为他们架桥。天上的悲剧深深地引起了人们的同情，这一对悲情夫妻一年才能见一次面，他们见面之后都说些什么呢？人们渴望知道，大约是童稚无忌，只有小孩子才能够探知到这一秘密。在七月七的晚上，小孩子们头顶红布，蹲在葡萄架下，据说可以听到牛郎织女相会时的泣诉，不知道是自己的幻觉，还是瑟瑟的秋风声。

拜双星

拜双星

"双星"指牛郎星和织女星。相传牛郎父母早逝,又常受到哥嫂的虐待,只有一头老牛相伴。有一天,老牛给他出了计谋,要娶织女做妻子。到了那一天,美丽的仙女们到银河沐浴,藏在芦苇中的牛郎突然跑出来拿走了织女的衣裳。惊慌失措的仙女们急忙上岸穿好衣裳飞走了,唯独剩下织女。在牛郎的恳求下,织女答应做他的妻子。婚后,牛郎织女男耕女织,相亲相爱,生活得十分幸福美满。织女还给牛郎生了一儿一女。后来,老牛要死去的时候叮嘱牛郎要把它的皮留下来,到急难时披上以求帮助。老牛死后,夫妻俩忍痛剥下牛皮,把牛埋在山坡上。织女和牛郎成亲的事被天庭的玉帝和王母娘娘知道后,他们勃然大怒,命令天神下界抓回织女。牛郎回家不见织女,急忙披上牛皮,担了两个小孩追去。眼看就要追上,王母娘娘拔下头上的金簪向银河一划,昔日清浅的银河一霎间变得浊浪滔天,牛郎再也过不去了。从此,牛郎织女只能泪眼盈盈,隔河相望,天长地久,玉皇大帝和王母娘娘也拗不过他们之间的真挚情感,准许他们每年七月七日相会一次,相传,每逢七月初七,人间的喜鹊就要飞上天去,在银河为牛郎织女搭鹊桥相会。此外,七夕夜深人静之时,人们还能在葡萄架或其他的瓜果架下听到牛郎织女在天上的脉脉情话。牛郎织女是忠贞爱情的典范,七夕之日夜间,年轻的女子在庭院中摆下供桌,以瓜果为供,拜祭双星。有的祈求得到一双巧手,有的祈求希望嫁给如意郎君,已婚的希望早生贵子。祭祀完毕后,把供献的花分一半扔到房上去,表示送给了织女;另一半留给自己,擦抹之后可以容颜美丽,青春永驻。

莲花灯

莲花灯

农历七月十五既是民间的鬼节,又是道家的中元节,佛教的盂兰盆节,僧道俗三流合一。道教有所谓天官、地官、水官,合称三官,这三位是玉帝派驻人间的代表,每年都要考察人间的善恶,向上天汇报。三官分别以正月十五、七月十五、十月十五为诞辰,这三个日子也叫三元。七月十五日,叫中元,正值地官校籍赦罪之时。这一天,他要拿出厚厚的花名册,根据神仙、凡人、动物们的表现,勾勾画画,赦罪免刑。民间在中元节这一天搞一些祭祀活动,拯救那些孤魂野鬼,应当与地官的赦罪有关。七月十五又是佛教的盂兰盆节。据说释迦牟尼有个叫目连的弟子,其母虽然年轻漂亮,却无嘉言懿行,爱财小气,尤其仇视僧人,死后被打入恶鬼行列,目连按佛祖指点,在七月十五日这一天,准备百味五果,各种用具,装入盆中,供养十方僧众,其母才能脱离恶鬼界,升入天堂。佛祖有鉴于此,推而广之,要求佛门弟子尽心行孝,每年的七月十五,做盂兰盆,施佛及僧,报答父母恩情。"莲花灯"因灯形似莲花,故名,是佛教各种灯种之一,观音大士专用,佛光普照,莲花灯照亮每个人的心,普照全天下!七月十五晚间,北京满胡同里都是手提莲花灯游行的孩子,这些灯笼都是买来的,不仅是莲花形的,还有花篮形的、仙鹤形的,统称为莲花灯。这是受佛教的影响,为升天的鬼魂照亮道路,是一桩善事。但是孩子们不懂这些,只是把这种行为看成是一种游戏而已。北京童谣有"莲花灯、莲花灯,今儿点了明天扔"之说,花钱买来的灯笼刚点了一次为什么要扔掉呢?因为那一天是鬼节,点莲花灯是为鬼魂照亮上天之路,灯笼上沾上了鬼气,所以要扔掉。

老北京风情系列

放河灯

放河灯

"放河灯"（也常写为"放荷灯"），是华夏民族的传统习俗，用以表达对逝去亲人的悼念，对活着的人们的祝福。它流行于汉、蒙古、达斡尔、彝、白、纳西、苗、侗、布依、壮、土家族地区，各地在三月三、七巧节、中秋节晚上水边，常放河灯。民间的悼念亲人祭奠，常在每月初一、十五和逝世忌日进行。汉晋以后，宗教影响日益扩大，为这一天的活动增加了更多的内容。农历七月十五是民间的鬼节，佛教的盂兰盆节，道教的中元节。民间百姓在这一天祭奠死去的先人，佛门在这一天济孤魂野鬼，超度亡灵，道家在这一天赦免罪责。三种节有一个共同的特点，就是超度亡魂，这是中国人讲究孝道的一种表现形式。"放河灯"的方式是佛教、道教所共有的，南北朝梁武帝崇拜佛教，倡导办水陆法会，僧人在放生池放河灯。宋代规定中元节各地燃河灯、济孤魂、放焰口、演目连戏，此后，放河灯在七月半举行并随道教、佛教传播而流行全国。这一天，人们在家设酒馔、烧纸钱祭祖，到寺庙、道观参加放河灯等法事或道场活动。

荷花又叫莲花，是佛门中的圣洁之物，也是道家的圣物，因而人们选定了把河灯做成荷花的形状，所以又叫作"放荷灯"。早年间中元节这天夜晚，北京人在什刹海、积水潭这些宽阔的水面上放荷灯。荷灯是用粉莲纸卷成，或是用白纸做成荷花的形状，喷上颜色做成的，底下用半个茄子做托，中间插上蜡烛。点燃蜡烛之后，把荷灯放进水中，一盏盏的河灯带着人们对于先人的哀思，随着水流慢慢地向远方漂去，波光水影，星星点点，灿若繁星，是北京城的一景，引得大批游人前来观看。

买毛豆棵、鸡冠花

买毛豆棵、鸡冠花

每年农历八月十五是传统的中秋佳节,八月十五的月亮比其他几个月的满月更圆,更明亮,所以又叫作"八月节"。此夜,人们仰望天空如玉如盘的朗朗明月,自然会期盼家人团聚。远在他乡的游子,也借此寄托自己对故乡和亲人的思念之情。所以,中秋又称"团圆节"。我国人民在古代就有"秋暮夕月"的习俗。夕月,即祭拜月神。到了周代,每逢中秋夜都要举行迎寒和祭月。设大香案,摆上月饼、西瓜、苹果、红枣、李子、葡萄等祭品,其中月饼和西瓜是绝对不能少的,西瓜还要切成莲花状。在月光下,将月亮神像放在月亮的那个方向,红烛高燃,全家人依次拜祭月亮,然后由当家主妇切开团圆月饼。切的人预先算好全家共有多少人,在家的,在外地的,都要算在一起,不能切多也不能切少,大小要一样。关于月亮有许多传说故事,例如嫦娥奔月、吴刚伐桂,等等。北京人拜月有许多的讲究,供品必须要有月饼,月饼的品种虽然很多,但是只能用"自来红"。八月十五也是丰收节,各种瓜果都已经上市,供品之中必须要有瓜果,瓜果必须要用圆形的,以取"团圆"之意。唯独不准用梨,因为"梨"与"离"谐音,与"团圆"之意相悖。此外,还要有整棵的毛豆和一束鸡冠花儿。毛豆是敬献给兔儿爷的,兔子爱吃毛豆。毛豆要扎成一束一束的,还要插上红色的鸡冠花,毛豆象征着子孙繁茂,火红的鸡冠花象征着家业兴旺,都具有一种美好的寓意。早年间在八月十五到来之前,胡同里就有了卖毛豆和鸡冠花儿的了,这些都是四郊的农民,挎着篮子,沿街叫卖。

拜月

拜月

每年农历八月十五,是传统的中秋佳节,又叫"八月节"。此夜,人们仰望天空如玉如盘的朗朗明月,自然会期盼家人团聚。远在他乡的游子,也借此寄托自己对故乡和亲人的思念之情,所以,中秋又称"团圆节"。相传古代齐国丑女无盐,幼年时曾虔诚拜月,长大后,以超群品德入宫,但未被宠幸。某年八月十五赏月,天子在月光下见到她,觉得她美丽出众,后立她为皇后,中秋拜月由此而来。月中嫦娥,以美貌著称,故少女拜月,愿"貌似嫦娥,面如皓月"。在唐代,中秋赏月、玩月颇为盛行。在北宋京师,八月十五夜,满城人家,不论贫富老小,都要穿上成人的衣服,焚香拜月说出心愿,祈求月亮神的保佑。南宋,民间以月饼相赠,取团圆之义。有些地方还有舞草龙、砌宝塔等活动。明清以来,中秋节的风俗更加盛行;许多地方形成了烧斗香、树中秋、点塔灯、放天灯、走月亮、舞火龙等特殊风俗。

北京人也有中秋拜月的习俗,八月十五夜晚,玉兔东升,明月高挂之时,拜月的仪式便开始了,一般都是在院子里摆设香案,摆上供品,全家人聚集,望空遥拜月神。月饼最好要选用刻有蟾宫桂树图案的,这种月饼直径有一尺多,供在案头致祭,此外还要供上兔儿爷的神码。北京有"男不拜月,女不祭灶"之说,因为月亮在道教中被称为"太阴星君",而男人性属阳,女人性属阴,所以只有女人才拜祭月亮,大概是仿效齐无盐,希望自己长得越来越漂亮吧。

兔儿爷

兔儿爷

兔儿爷是老北京中秋应节应令的儿童玩具。人们按照月宫里有嫦娥、玉兔的说法,把玉兔进一步艺术化、人格化,乃至神化,之后,用泥巴塑造成各种不同形式的兔儿爷。兔儿爷的起源约在明末。明人纪坤的《花王阁剩稿》记载:"京中秋节多以泥抟兔形,衣冠踞坐如人状,儿女祀而拜之。"到了清代,兔儿爷的功能已由祭月转变为儿童的中秋节玩具。制作也日趋精致,有扮成武将头戴盔甲、身披战袍的,也有背插纸旗或纸伞,或坐或立的。也有扮成兔首人身之商贩,或是剃头师傅,或是缝鞋、卖馄饨、茶汤的,不一而足。

关于兔儿爷,《燕京岁时记》有记载:"每届中秋,市人之巧者,用黄土抟成蟾兔之像以出售,谓之兔儿爷。"旧时北京东四牌楼一带,常有兔儿爷摊子,专售中秋祭月用的兔儿爷。此外,南纸店、香烛也有出售的。旧时哄小孩也有个规范,即寓尊天敬神于娱乐之中。玉兔不是凡间的家畜,也不是野兔,而是广寒宫里的神兔,不能随便捉来玩耍,要玩只有"请"一尊泥塑的称为"爷"的"兔儿"恭而敬之地"供"起来。正如清人方元鹍《都门杂咏》所写:"儿女先时争礼拜,担边买得兔儿爷。"兔儿爷是用模子翻塑出来的,先把黏土和纸浆拌匀,填入分成正面和背面两个半身的模子里,等干燥后倒出来,把前后两片粘在一起,配上耳朵,在身上刷层胶水,再上色描金。兔儿爷大的有三尺多高,小的只有三寸,均是粉白面孔,头戴金盔,身披甲胄,背插令旗或伞盖。它的坐骑有狮、虎、鹿、象不等。兔儿爷左手托臼,右手执杵,作捣药状。此外,还有呱嗒嘴的兔儿爷,其制空腔,活安上唇,中系以线,扯之,则兔唇乱捣。

送节礼

送节礼

八月十五还是人们走亲戚和送礼的日子,称为"送节礼",礼品一般是月饼和水果。古代月饼被作为祭品于中秋节所食,由于时间的推移,月饼已经异化成中秋节食品和礼品。中秋节吃月饼的习俗于唐朝出现,北宋之时,这种饼被称为"宫饼",在宫廷内流行,但也流传到民间,当时俗称"小饼"和"月团"。后来演变成圆形,寓意团圆美好。相传中秋节吃月饼始于元代,当时中原广大人民不堪忍受元朝统治阶级的残酷统治,纷纷起义抗元。朱元璋联合各路反抗力量准备起义。但朝廷官兵搜查得十分严密,传递消息十分困难。军师刘伯温便想出一个计划,命令属下把写有"八月十五夜起义"的纸条藏入饼子里面,再派人分头传送到各地起义军中,通知他们在八月十五晚上起义响应。到了起义那天,各路义军一起响应,起义军如星火燎原。很快,徐达就攻下元大都,起义成功了。消息传来,朱元璋高兴得连忙传下口谕,在即将来临的中秋节,让全体将士与民同乐,并将当年起兵时以秘密传递信息的"月饼",作为节令糕点赏赐群臣。此后,"月饼"制作越来越精细,品种更多,大者如圆盘,成为馈赠的佳品。

在北京送礼的月饼用粗厚的草纸包裹,把月饼码成下宽上窄的梯形,最上面盖上一张红纸,纸上印有商号的名称。月饼的品种很多,北京主要有"自来红""自来白",翻毛月饼、提江月饼等,馅料有糖的、豆沙的、枣泥的、五仁的等。水果一般都装在蒲包里,上面盖一张彩纸的"门票"。八月十五这天,在北京的街头上可以看见很多手里提着月饼包、水果蒲包走亲访友的人们。

老北京风情系列

接闺女

接闺女

八月十五是"团圆节",所谓"月儿圆,人团圆"。出了嫁的闺女这一天必须要在婆家过,因为出了门子就是婆家的人了。但是血缘关系是割裂不断的,到了十六这天当媳妇的就可以回娘家,一般是娘家派人到女儿的婆家去接"姑奶奶"回娘家,北京民谚有"兔儿爷,吃毛豆,请回姑奶奶过十六"之说。女儿是当娘的心头肉,逢年过节总是要惦记着她,只要是不越礼,都尽可能地把出了门子的闺女接回娘家来住上几天,一是娘儿俩可以在一起说说知心话儿;二是当妈的怕女儿在婆家受苦受累会吃不消,时不常地接回娘家来,叫她好好地休息几天;三是逢年过节家家都吃好的,自己家有什么特殊好吃的东西一定要给闺女留上一点儿。特别是农村更是如此,许多农家都种有果树,娘家有的水果婆家不一定有,八月十六到了,一定要把闺女接回来尝个鲜儿。闺女回娘家当然也不能空着手儿回去,一般都要给爹娘带上些礼物,除了月饼之外,最普遍的还是婆家有而娘家没有的水果,一来是叫娘家人尝个鲜儿,二来是表示自己在婆家过的日子很好,请父母放心。俗话所说的"十五不圆十六圆"并不是指十五的月亮不圆,十六的月亮圆,而是指的人的"团圆"。八月十五这天,一家人欢聚一堂,天伦之乐,其乐融融,唯独缺少自己已经出嫁了的亲生女儿,当父母的总觉得不够圆满。到了十六这天,把闺女接了回来,自己家的人口儿就一个也不缺少了,这才是真正的团圆了呢。

辞青登临

辞青登临

农历九月九日是我国传统的重阳节,又名重九节、登高节、菊花节、茱萸节。我国古代把"九"定为阳数,农历九月九日,月日并阳,两阳相重,两九相叠,故名"重阳",又名"重九"。汉末曹丕在《九月与钟繇书》中说:"岁往月来,忽复九月九日。九为阳数,而日月并应,俗嘉其名,以为宜与长久,故以享宴高会。"重阳节时,正是金秋送爽、丹桂飘香、风霜高洁之际,宜登高望远,赏菊赋诗。在我国,早在战国时期就形成此节。到汉代,逐渐盛行。《西京杂记》中说,汉高祖刘邦的爱妃戚夫人被吕后残害死后,她的侍女贾佩兰也被逐出宫,嫁给平民为妻。一次她谈起每年九月九日,在皇宫中佩茱萸、食莲饵、饮菊花酒,以求长寿的事情。到了魏晋时代,登高的日期已专定在九月九日。《荆楚岁时记》说,九月九日,士农工商各行业的人都到郊外登高,设宴饮酒。明代皇宫初一吃花糕,九月重阳,皇帝亲自到万岁山登高。此风一直流传到近世。每到这一天,人们出游登高,赏菊花,饮菊花酒,佩茱萸,吃重阳糕。清代,皇宫御花园内设有供皇帝重阳登高的假山。

在民间,早期以登阜成门外五塔寺和左安门内法藏寺为盛,晚清以登陶然亭、蓟门烟树(德外土城)、八大处等为多。据《燕京岁时记》载:凡登高,必"赋诗饮酒,烤肉分糕,洵一时之快事"。古人写九九登高的诗句很多,最著名的当数唐代诗人王维的《九月九日忆山东兄弟》:"独在异乡为异客,每逢佳节倍思亲;遥知兄弟登高处,遍插茱萸少一人。"

赏菊

赏菊

重阳赏菊在我国古代早已有之。重阳时节，正值菊花怒放，魏紫姚黄，清芳幽香，给节日增添了无限的色彩。相传晋代诗人陶渊明是一位菊迷。他在隐居时经常"采菊东篱下，悠然见南山"。他常对菊自语："菊花知我心，九月九日开。客人知我意，重阳一同来。"到了宋代，赏菊成为一时盛举。届期，无论皇室贵戚还是文人士子、小民百姓，都要赏玩菊花。文人士子们还举办社交宴乐性的菊花会，赏菊吟诗。不过，其中规模最大，气象最盛的当数宫廷赏菊："禁中例于八日作重九排当，于庆瑞殿分列万菊，灿然眩眼，且点菊灯，略如元夕。"到了清代，有的地方重阳前后要举行菊花大会。此时，人们来来往往倾城出动观看菊花，热闹空前。菊花，多年生菊科草本植物，是经长期人工选择培育出的名贵观赏花卉，也称艺菊，品种已达千余种。菊花是中国十大名花之一，在中国已有三千多年的栽培历史。中国人极爱菊花，从宋朝起民间就有一年一度的菊花盛会。古神话传说中菊花又被赋予了吉祥、长寿的含义。中国历代诗人画家，以菊花为题材吟诗作画众多，因而历代歌颂菊花的大量文学艺术作品和艺菊经验，给人们留下了许多名谱佳作，并将流传久远。

北京人把菊花叫作"九花"，是居民家中普遍种植的一种花卉。有钱人家把数百盆菊花叠架起来，花团锦簇，看过去好像一座花山一样，叫作"九花儿山子"。四面垒搭的叫作"九花儿塔"，即使是平民小户，在重阳节前后也要买上一两盆金菊摆在窗前观赏。

请姑奶奶

请姑奶奶

天地人间最钟情于女子,就拿节日来说吧,别的节日一年之中只有一个,而女儿节在一年之内竟然有三个,这三个女儿节分别是:五月初五,七月初七,九月初九。这三个日子都是阳数相重,只不过相重的阳数大小之别。这倒并非出于故意安排,它们都不是从阳数上得名的。七夕有女儿节之称当在最前,其次是端午,最后才是重阳。但从意义上说,端午兼属小闺女和已嫁女;七夕专指小闺女;重阳专属已嫁女。同中有异,相映成趣。

作为专属于出嫁女的女儿节,北京有九月九"请姑奶奶"回娘家的习俗。到了这一天,凡是有出嫁女儿的人家都准备好了茶、酒、糕点、水果,派女儿的娘家兄弟赶上毛驴,去到女儿的婆家,把女儿接回来好好地款待一番。北京人把出了嫁的女儿称为"姑奶奶",这是指着孩子叫的,父母的重孙子女按照辈分要称他们的女儿为姑奶奶,即使是自己连孙子也没有呢,也要使用这种称谓,这也是预祝自己家子孙满堂,人丁兴旺,四世同堂的意思,因而北京人把九月九称为"接姑奶奶"的日子。九月九这天,在北京的街道上、城门脸儿,人们都可以看到接姑奶奶回门子。小毛驴上搭着一条花褥子,俊俏的小媳妇头发梳得溜光水滑,在头上还戴着一朵小花儿。穿着新衣裳,挎着包袱,骑在毛驴上,一个小伙子或者在前面牵着毛驴,或者在后面赶着毛驴,这一定是他的兄弟。如果前面一个人牵着毛驴,后面跟着一个挎着包袱的半大小子,那么这头毛驴一定是雇来的,前面赶驴的是毛驴的主人,后面挎着包袱跟着的才是小媳妇的兄弟呢。

烧寒衣

烧寒衣

十月初一为"送寒衣节",这一天特别注重祭奠先亡之人,谓之送寒衣。与春季的清明节、秋季的中元节,并称为一年之中的三大"鬼节"。为免先人们在阴曹地府挨冷受冻,这一天,人们要焚烧五色纸,为其送去御寒的衣物,并连带着给孤魂野鬼送温暖。十月一,烧寒衣,寄托着今人对故人的怀念,承载着生者对逝者的悲悯。农历十月初一,冷空气来袭,人们在裹上厚棉袄的同时,想起死去的亲人也该添加衣裳了,于是买来五色纸糊制成寒衣,焚烧后送往阴曹地府,供那里的鬼魂御寒,名曰"十月一,烧寒衣"。给死人送衣服这个习俗,据说是由孟姜女首开先河。相传,秦始皇修筑万里长城。孟姜女的老公范杞梁修长城累死,孟姜女千里寻夫,终于在农历十月初一来到了长城脚下。可是自己的丈夫已经死了,她瘫坐在地,对着长城大哭起来。哭声感天动地,竟把长城震塌了一大段,露出了范杞梁的尸首。孟姜女把棉衣焚化之后,把丈夫的尸骨掩埋,抚坟痛哭而死。孟姜女千里寻夫的故事传到民间,百姓深受感动。此后每到十月初一这天,众人便焚化寒衣,此风日盛,逐渐形成了追悼亡灵的寒衣节。

北京也有十月初一烧寒衣的习俗,寒衣是从南纸店、冥衣铺买来的彩纸剪成的,在"送"的时候要写上死者的姓字辈分,以便死者查收,然后付之一炬。后来有人觉得烧寒衣太麻烦,就改成了烧包袱,也叫"金袱",里面包上彩纸,代表绸缎布匹,还有纸质的金银元宝,同样写好姓名焚化。这等于是给死者送去了钱,让死者在阴间去购买自己喜欢的寒衣。

九九消寒

九九消寒

一到冬天，人们就盼着春天到来。尤其在很多年以前，人们的这种心情更迫切，也许是那时的取暖条件差，或是那时的冬天本就比现在要冷。为了度过"数九寒天"，人们想了很多方法来"消寒"，常见的消寒方式有"画九""写九"和创作"九体联"。所谓"画九"，就是用图画来记录"九九"的进程。方法是画素白梅花一枝，枝上共有白梅81朵。从冬至起，每天用红笔将一朵白梅涂红，待到白梅红遍时，"九九寒天"便结束了。明代《帝京景物略》载："日冬至，画素梅一枝，为瓣八十有一，日染一瓣，瓣尽而九九出，则春深矣，曰'九九消寒图'。"相传"消寒图"是南宋民族英雄文天祥第一个画出来的，他被元朝统治者关在北京监狱里，创作了这种图，以后逐渐流传开来。源流如此之远，传播过程中便免不了有些出入。有些"九九消寒图"便是画上九九八十一个圆圈，每九个一组，根据进九以后的天气，按照上阴下晴、左风右雨、雪当中的方法，每天在一个圆圈里做记号。等八十一个圆圈画完了，天气也就暖和了。"写九"消寒，始于清代道光初年。道光皇帝亲书"亭前垂柳珍重待春风"九个双钩空心字，每个字都是九画（繁体），让大臣们逐日描红填写一画。填写完九个字，便"九"尽春来。这种方法传到民间后，也有写"春前庭柏风送香盈室"的，也有写"雁南飞柳芽茂便是春"的，总之一句九字，每字繁体九画，而且字里行间蕴含着人们盼望春天的心情。这类文句，有人称之为"九九消寒句"。

一九二九不出手

一九二九不出手

我国阴历有"九九"的说法,用来计算时令。计算的方法是从冬天的冬至日算起,第一个九天叫"一九"。第二个九天叫"二九",以此类推,一直到"九九"。即第九个九天,这时冬天已过完,春天来到了。"九九歌"是利用人对寒冷的感觉以及物候现象(即因天气气温的变化而导致动植物的变化的现象,如柳树发芽,桃树开花,大雁飞来等,均与当时气温有关,而这些与几月几日并无必然关系)来反映天气的冷暖。北京地区流行的"九九歌"是这样的:"一九二九,不出手;三九四九,冰上走;五九六九,沿河看柳;七九河开,八九雁来;九九加一九,耕牛遍地走。"通俗押韵,读起来朗朗上口,便于记忆。"九九"之说早在南北朝时就有了,当时民间从冬至日数起,到九九八十一天,寒冷的日子就过完了。而"九九歌"大约起源于宋代。到了明代已很流行了。

到了冬至这天就进九了,北京在冬至这天讲究吃馄饨,所谓"冬至馄饨夏至面"。入九的最开始是一九、二九,"一九二九不出手"是说开始"入九"了,天气寒冷,人们如果把手暴露在外面,会被冻得很疼,所以这个时候人们出门或者戴上手套,或者把手揣在衣袋里。老年人一般把手揣在袄袖里面。过去有一种护手,是毛皮做的,筒形,把两只手装在里面,很暖和。有钱人家的女眷为手保暖有白铜的手炉,镂空雕刻,十分精巧,里面燃烧木炭,既有实用价值,还是一件艺术品。

三九四九冰上走

三九四九冰上走

俗话说："冷在三九，热在中伏。"三九是一年中最冷的时候，天寒地冻，滴水成冰，点水成凌。按照农历，三九四九正是腊月上中旬，俗话说："腊七腊八，冻掉下巴。"由此也可见天气的寒冷程度。在"九九歌"里："三九四九冰上走"是说河流封冻了，冰冻得很结实，人们可以到冰上去行走也不会发生危险了。

每年到了这个时节，人们就到北京的什刹海、护城河、二闸等处去玩儿"冰嬉"了，有玩滑冰的，有玩儿冰床的，好不热闹。当初的冰鞋和现在的冰鞋不一样，那时候的冰鞋是平板型的，在一块小木板上，底下钉有两根铁条，用小绳绑在脚上就可以滑冰了。冰床的样子与此相仿，只是大了好多倍而已。这时候住在护城河边上的人们还用"冰床"做起了买卖，用冰床载客。客人坐在冰床上，其用绳子在前面拉或者在后面推，为了防止自己被滑倒，还要在自己的脚上绑上草绳子，以增加摩擦力。这种载人运输也是按照路程的远近收费。在清康熙《宛平县志》里列出的"宛平新八景"，其中之一就是"北海冰航"，这里所说的"北海"可不是指现在的北海公园，而是指德胜门水关。在当时，北京吃的粮食全靠漕运，冬天封冻了，漕运停止了，往北京城里运送粮食的工具就改成了"冰床"，这种冰床远比载人的冰床要大得多，装上粮食，靠人拉或推，顺着水道，运输到城里来，一队队运输粮食的冰床在冰面上川流不息，好不壮观，形成了冬季里北京的一道特殊风景线。

五九六九抬头看柳

五九六九抬头看柳

"春打六九头","立春"是春天的开始,立春是二十四节气之一,又称"打春","立"是"开始"的意思,中国以立春为春季的开始,每年2月4日或5日,太阳到达黄经315度时为立春。《月令七十二候集解》说:"正月节,立,建始也……立夏秋冬同。"自秦代以来,中国就一直以立春作为春季的开始。立春是从天文上来划分的,而在自然界、在人们的心目中,春是温暖,鸟语花香;春是生长,耕耘播种。虽然立了春,但是天气依然还很寒冷,因而经常出现"白雪却嫌春色晚,故穿庭树作飞花"的景象。立春之时正是在五九和六九中间。俗话说"节气不饶人",到了五九六九之时,天气虽然依旧比较寒冷,但是春意已经开始萌动,柳树是春季发芽最早的树种之一,特别是生长在河边和路边上的垂杨柳更是如此,冬季里已经变得十分干脆的柳枝从立春就开始有了韧性,变得柔软了一些,这标志着树枝里面的水分开始运行了,并且在枝条上拱出了芽苞,每一个芽苞就是一片叶子,一旦长出来,就是满树的嫩绿,这一切都预示着,寒冷的冬天就要过去了,和暖的春天就要到来了。人们常爱寻觅春的信息:那柳条上探出头来的芽苞,"嫩于金色软于丝";那泥土中跃跃欲出的小草,等待"春风吹又生";而为着夺取新丰收在田野中辛勤劳动的人们,正在用双手创造真正的春天。柳树给人们带来了春的信息,"五九六九,抬头看柳",人们通过观察柳树,看到了春天的信息,聆听到了春天的脚步声。

七九河开河不开，八九燕来燕准来

七九河开河不开，八九燕来燕准来

时至七九，立春已经过去了十来天，天气更暖和了，"九九歌"里说"七九河开"，但是这句话在北京地区并不适用，虽然已是初春时节，但是春风料峭，气温还是很低的，还没有达到使河里的冰融化的程度，所以北京人说"七九河开河不开"。但是节气不饶人，毕竟已经是春天了，春意已经逐渐地显现出来了，柳树枝头开始变绿了，背风向阳之处的小草也开始冒出了绿芽，河里的坚冰已经开始融化了，虽然还封着河，但是冰面已经不坚固了。大人提醒孩子们，不要到冰面上去玩耍了，否则会有危险的。那什么时候河才开呢？按照北京的气候，一般是"九尽河开"，也就是说，出了九之后，河才会开呢。"八九雁来"这句话同样也不适用于北京地区，到了八九，在北京地区的天空中还看不见北飞的大雁。因为北京地区的天气这时候还是比较寒冷的，北飞的大雁这时候还没飞到北京地区来呢，所以北京人说"八九雁来雁不来"。在北京地区还有一种说法，叫作"八九燕来燕准来"，不过来的并不是北飞的大雁，而是房前的小燕儿，这是两种完全不同的动物，只是名字的发音相同而已。虽然大雁还没有来，但是到了八九，按照节气这时候已经到了雨水，临近了惊蛰，冬眠的动物开始苏醒了，不冬眠的动物也已经开始焕发活力，春天万物复苏的美好时节正在到来。

九九加一九耕牛遍地走

九九加一九耕牛遍地走

"九九"是中国计算冬季的一种传统方法,以九天为一个单元,共有九个单元,总计八十一天。以每年的冬至日为"一九"的第一天,最后一九就是"九九"。因为每年的冬至日基本上都是在12月22日,所以"九九"的日期基本上是固定的。冬至日北半球黑夜最长,白天最短,从理论上来说,地面所接受到的太阳辐射最少,这一天地面透支的热量也最多。此后虽然白天逐渐变长,黑夜变短,但在相当长的一段时间里,地面温度仍然不断下降,直到太阳的辐射热量与地面所散发的热量达到平衡,并且逐渐变为地面所吸收的热量大于散发的热量。冬至之后的"九九八十一天"里是一年中最冷的日子,此后逐渐转暖。正如英国诗人雪莱《西风颂》中的诗句所说,"冬天来了,春天还会远吗?"

"九九加一九,耕牛遍地走",意思是说过了"九九"之后,再过九天(这个九天是一个虚指,确切地说应该是九天左右)就可以种地了,日子是在3月中下旬,大概是在3月12日到20日这段时间。真正意义上的春天到来了,万物复苏,中国北方的农民开始春耕了。春耕之前,不少的地方都有"试犁"的习俗,拿着牛轭走进牛栏,把牛轭往牛颈上一放,表示耕牛拉着牛轭耕田犁地之状,预示着开春了,新的一年开始播种五谷了,应该做好备耕,抢上季节耕耘播种,千万不要错过耕种的时机。俗话说,"人误地一时,地误人一年",所以每到春耕时,农民都要抢农时,把地耕出来,把种子播下去,这一年的收成就有了初步的保障,因而每到这时,就会出现"耕牛遍地走"春耕大忙的景象。

老北京风情系列

腊八粥

腊八粥

"腊八粥"是一种在腊八节用多种食材熬制的粥,也叫作"七宝五味粥"。腊八粥来自佛教,农历十二月初八是佛陀成道日,俗称"腊八节",据说在释迦牟尼成佛之前,曾经苦修多年,饿得骨瘦如柴,昏倒在地。这时遇见一个牧女,送他乳糜食用。他吃了乳糜,恢复了体力,便端坐在菩提树下入定,于十二月八日成道。夏历以十二月为腊月,所以十二月八日称作腊八。佛教传入我国后,各地兴建寺院,煮粥敬佛的活动也随之盛行起来,用香谷和果实等造粥供佛,名为腊八粥。这便是腊八粥的来历。腊八粥的习俗,已非佛门所有,作为一种民间风俗,农历十二月八日吃腊八粥,用以庆祝丰收,一直流传至今。最早的腊八粥是用红小豆来煮,后经演变,加之地方特色,逐渐丰富多彩起来。富察敦崇《燕京岁时记·腊八粥》载:"腊八粥者,用黄米、白米、江米、小米、菱角米、栗子、红江豆、去皮枣泥等,合水煮熟,外用染红桃仁、杏仁、瓜子、花生、榛穰、松子及白糖、红糖、琐琐葡萄,以作点染。"我国喝腊八粥的历史已有一千多年,最早开始于宋代。每逢腊八这一天,不论是朝廷、官府、寺院还是黎民百姓家都要做腊八粥。明代的用料,加江米、白果、核桃仁、栗子等煮粥。到了清朝,喝腊八粥的风俗更是盛行。在宫廷,皇帝、皇后、皇子等都要向文武大臣、侍从宫女赐腊八粥,并向各个寺院发放米、果等供僧侣食用。在民间,家家户户也要做腊八粥,祭祀祖先;同时,合家团聚在一起食用,馈赠亲朋好友。著名的雍和宫腊八粥,除了江米、小米等五谷杂粮外,还加有羊肉丁和奶油,粥面撒有红枣、桂圆、核桃仁、葡萄干、瓜子仁、青红丝等。

老北京风情系列

买对联

买对联

对联又称楹联或对子,是写在纸、布上或刻在竹子、木头、柱子上的对偶语句,言简意深,对仗工整,平仄协调,是一字一音的中文语言独特的艺术形式,是中华民族的文化瑰宝。对联源远流长,相传起于五代后蜀主孟昶。他在寝门桃符板上的题词"新年纳余庆,佳节号长春",谓文"题桃符"(见《蜀梼杌》)。这是我国最早的对联,也是第一副春联。春联习俗起源于五代,至宋代已成形,明代已很普遍。清富察敦崇《燕京岁时记·春联》中说:"春联者,即桃符也。自入腊以后,即有文人墨客,在市肆檐下,书写春联,以图润笔。"过年要贴对子,大红纸写出来的对子透着那么的喜兴,给春节增添了欢乐的气氛。

一进入腊月,在北京的街头上就出现了许多卖对联的人,干这一行的大多是私塾里的教书先生以及落魄的文人。早年间北京能写对子的人不多,穷人没念过书,写不了对子,有文化的毛笔字不好也不行,又有文化毛笔字又好的人一般都是有点儿身份的人,叫人家到街上去卖字,丢不起那份儿人,所以卖对子的人生意还都不错。在街头摆一张桌子,准备好笔墨纸砚,纸有木红的、顺红的,还有洒金玫红的,买对联的人要什么他们就给写什么,对子、斗方、横批、春条、条幅,他们都可以写。至于写什么内容,要根据买对子人的身份、地位而定,内容虽然不一样,但都是现成的吉祥话儿。过去贴对子不能随便来,有许多的规矩,王府官邸要用白纸贴红边,平民百姓则用红纸,为父母守孝者用蓝纸,寺庙道观用黄纸,写的词句也各不相同。

买灯笼

买灯笼

中国的灯笼又统称为灯彩，起源于一千八百多年前的西汉时期，每年的农历正月十五元宵节前后，人们都挂起象征团圆意义的红灯笼，来营造一种喜庆的氛围。后来灯笼就成了中国人喜庆的象征。经过历代灯彩艺人的继承和发展，形成了丰富多彩的品种和高超的工艺水平。从种类上有宫灯、纱灯、吊灯，等等。从造型上分，有人物、山水、花鸟、龙凤、鱼虫，等等，除此之外，还有专供人们赏玩的走马灯。到了春节，买灯笼就成了孩子们的一桩心愿。一进了腊月，街头巷尾就摆出了灯笼摊儿，各种样式的灯笼在寒风中展示着色彩，纸糊的鱼灯、鸡灯、兔子灯、龙灯、西瓜灯、白菜灯，还有画着仕女人物的纱灯，此外还有玻璃灯、明角灯，最有趣的还要数走马灯，一圈人物在蜡烛的热力作用下，绕着圈儿转。小孩起码要买一个彩纸折的灯笼，否则过年的兴趣就去了一半儿。灯笼上画有各种的传统图案，有龙、凤、虎、松鹤、花鸟、财神、如意童子、招财进宝等。这些都预示着新年伊始的如意吉祥、财源广进等绝好意头，在佳节时期展望新年新气象，心头喜悦由此而生。另外，买灯笼不同年龄和不同的房间灯笼绘画的挑选也有所分别。客厅与门廊适宜挂比较传统图案"中规中矩"的灯笼，老人房则适宜挑选与其兴致和生活背景相关的灯笼，儿童房当然就要以最简单的方式表现出最活泼画面的灯笼了。

买年画

买年画

年画是中国画的一种。始于古代的"门神画"。清光绪年间正式称为年画,是中国特有的一种绘画体裁,也是中国农村老百姓喜闻乐见的艺术形式。大都用于新年时张贴,装饰环境,含有祝福新年吉祥喜庆之意,故名。传统民间年画多用木版水印制作。旧年画因画幅大小和加工多少而有不同称谓。整张大的叫"宫尖",一纸三开的叫"三才"。加工多而细致的叫"画宫尖""画三才"。颜色上用金粉描画的叫"金宫尖""金三才"。六月以前的产品叫"青版",七八月以后的产品叫"秋版"。传统年画以木刻水印为主,追求拙朴的风格与热闹的气氛,因而画的线条单纯、色彩鲜明。内容有花鸟、胖孩、金鸡、春牛、神话传说与历史故事等,表达人们祈望丰收的心情和对幸福生活的憧憬,具有浓郁的民族特色与乡土气息。主要产地有天津杨柳青、苏州桃花坞和山东潍坊等,上海有"月份牌"年画,其他还有四川、福建、山西、河北以至浙江等地。

一进腊月,北京的街道上就出现了卖年画儿的画棚子,尤以东单、西单等地最热闹。没有画棚子的地方,卖画儿的找一块空地儿,在两棵树上扯上一根绳儿,把年画儿挂上让人挑选。在没有胶版印刷技术之前,年画儿都是木版水印的,北京所卖的年画儿以天津杨柳青出产的居多,内容有"吉庆有余""五福上寿""马上封侯"等喜庆图案,还有《三侠五义》《红楼梦》等演义小说的场面,也有三国、水浒等戏出儿。除摆摊卖画儿的之外,还有走街串巷卖年画儿的,背个褡裢,画卷儿插在褡裢里。过年买几张年画儿,贴在卧室炕头儿,透着喜气洋洋。

买灶糖

买灶糖

关东糖又称灶糖、大块糖。一年之中，只有在"小年"前后才有出售。关东糖是用麦芽、小米熬制而成的糖制品，它是祭灶神用的，也有人说它是用白糖加淀粉、加水、加淀粉酶、酿熬而成。清人写的《燕京岁时记》中记载：清代祭灶，供品中就有"关东糖""糖饼"。农历腊月二十三，过小年，家家吃饺子。过小年这天还有一项特别的祭祀活动，送灶王爷升天。旧时不论贫富，只要是顶门成家过日子，就要供奉灶王爷的神像，在像的两边贴副对联："上天言好事，下界保平安。"由它来主宰一家兴衰祸福，察看一家人的活动，自然成为"一家之主"，惹人喜爱，又让人怕的神。腊月二十三，灶王爷上天去汇报工作，这天家家起早，把庭院打扫得干干净净，在院中间设一香案，上边插上几炷香，摆上新蒸好的馒头，三个一碟，共三碟，还要摆上水果、点心、关东糖和几碟菜，还有草节、料豆和一碗清水，这是给灶王爷骑的马预备的。在祭祀开始前，主人要先撤掉灶王爷像前的供板，诚惶诚恐地把灶神像摘下来，放到院中的香案上。全家人跪到香案前，双手合一，嘴里不断念叨："灶王爷升天堂，见到玉皇，多言好事，少说赖话。"那种真诚心情，都熔铸在祷告中。仪式结束时，用关东糖把灶王的嘴抹抹，免得他上天之后，见到玉皇搬弄是非，说坏话。给灶王爷吃关东糖的另一种意思是托他到玉皇大帝那里，多给家里人说些甜言蜜语。主人点燃火柴，把烟熏火燎一年的灶神像烧了，到春节时再买一张新的贴上就行了。

老北京风情系列

买佛龛

买佛龛

老百姓居家过日子图的是平安，日子一年比一年过得好，因而在过去，北京许多人家过年都要供财神、土地、灶王、天地神等大大小小的神，以此来进行祈福纳祥，表达出一种美好的期盼。供奉神灵就要把神灵"请"到自己的家里来，所请的神一般都是与家庭生活紧密相关的主管神灵，灶王爷是一家之主，每个家庭都要供奉，这是必须要请的。做买卖的人家希望发财，所以要请一张财神像；没有孩子的人家盼望着子孙满堂，就请一张"送子张仙"；人口多的人家容易发生口角，就请一张"和合二仙"，希望得到家庭和睦。中国的神灵多，分工细，你需要什么就去请什么神，其实并不一定是相信一张彩色画像能起多大的作用，主要是寄托了一种美好的愿望，求得一种精神上的安慰。"佛龛"的种类很多，以满足各种经济条件人们的需求。有钱人可以把神灵供奉在真正的佛龛里，一般是木雕的，做工十分精美，但是价格太贵，一般的人家用不起，因而后来就出现了纸糊的佛龛，这就便宜多了。穷家小户的一般都是买几张"神码子"贴在堂屋里。神码子就是木版水印的神像，无论木制佛龛、纸糊的佛龛还是用纸印制的神码子，统称为"佛龛"。买的时候不能说买，要说"请"，以表示对神灵的恭敬。在春节之前，南纸店和年货摊儿上都有神码子出售。纸质的神码子一般是到了年底就烧掉，再另"请"一张新的贴在墙上。木制的佛龛一般是永久供奉，纸糊的佛龛一般也能用上两三年，所以南纸店出售最多的就是木版彩印的神码子。

祭窑神

祭窑神

京西门头沟采煤业始于辽代，在长期采煤过程中，形成了与煤业息息相关的习俗，其中就有祭窑神的风俗。腊月二十七是门头沟采煤业的节日，每到这天，当地煤业士绅到窑神庙焚香叩首，礼敬如仪，大戏台还要唱戏三天。各窑台恭贴窑王爷神纸像，左右配贴对子如"乌金墨玉""石火光恒"之类祥词吉语。窑口摆放供桌、香烛，供整鸡、整猪。自凌晨起，各窑争先恐后燃放挂鞭。祭祀开始，由总管（经理）主祭，首先要端上一盘子大白馒头扔进井筒子里去喂井下的老鼠，因为井下的老鼠能够预感到着火、透水、"瞎醒"（瓦斯超标）等灾害发生前的征兆，而仓皇逃命。窑工看到这种情景时立刻升井，往往因此而躲过灾难，所以人们认为井下的老鼠是窑神爷的化身，而受到特别的敬重。之后向窑神爷像三拜九叩，总管之后大作头、作头、账房、里秤、外秤、掌头等人依次向窑神叩首作揖，最后是窑工，叩拜完毕之后总管问一句："还有上香的没有？"如果没有人回答，总管就高喊一声"礼成！"这时候矿工们一起拥上前去抢供品，打碎供桌上所有的盘子，高喊"岁岁平安"，至此，祭祀仪式结束，祭拜盛况比春节还热闹。祭祀的当天，有钱的窑主请伙计及各界人士在窑上喝酒吃饭，拉骆驼的、赶驴骡驮煤的、唱喜歌的叫花子都可以入席。这天，即使是特别吝啬的窑主也会慷慨大方，请窑工们吃饱喝足。这天，也是窑工们的狂欢节，劳累了一年的窑工们尽情喝酒吃肉、舒展筋骨。全国其他地区祭祀窑神都是腊月二十八，而门头沟地处天下第一县——宛平县，所产的煤直接供京城皇家使用，因而门头沟的窑神也受到特殊照顾，提前一天享受人间供奉。

丢百病

丢百病

"春节"是中国最重要的一个传统民俗节日，各地过春节的方式有所不同，但是其中有一点相同，那就是辞旧迎新，祈福纳祥。老北京人礼儿多，过春节有许多的规矩、礼仪、活动，就北京地区来说，从腊月初八家家户户要泡腊八醋（蒜），就开始有了"年味"。民谣讲："老太太别心烦，过了腊八就是年。腊八粥，喝几天，哩哩啦啦二十三……"腊月二十三又称"小年"。有一首歌谣唱道："糖瓜祭灶，新年来到，丫头要花，小子要炮……"从这一天开始，北京人更加忙活了，要祭灶，扫房子，蒸馒头，置办年货，贴"福"字，贴年画，剪窗花，贴对联，贴门神，贴挂钱，一直忙活到除夕，开始过大年。

在北京地区过春节有一种辞旧迎新的特殊风俗，叫作"丢百病"，就是在年底之前，将一年来吃剩下的各种药品，全都收集起来，抛弃到门外去，并且还要把家里所有的药方子，也都收集起来，一起烧掉，这就叫作"丢百病"。借此表示丢弃所有的病痛，祈盼自己和家人在新的一年里百病不侵，身体康健。"丢百病"一般在腊月二十四进行，因为这一天是传统的"扫房日"。还有一个关于"丢百病"的风俗，人们吃中草药要用沙质的药锅进行煎熬，按照规矩，药锅许借不许还，也就是说自己家里没有药锅，需要使用的时候可以到街坊家里去借，用完之后，不能够给人家还回去，要等人家来讨要。到年底了，家中所有借出去的东西都要讨要回来，唯有药锅不往回收。

二十三灶王爷上天

二十三灶王爷上天

"祭灶"是一项在我国民间影响很大、流传极广的习俗。旧时，差不多家家灶间都设有"灶王爷"神位。传说他是玉皇大帝封的"九天东厨司命灶王府君"，负责管理各家的灶火，被作为一家的保护神而受到崇拜。灶王龛大都设在灶房的北面或东面，中间供上灶王爷的神像。没有灶王龛的人家，也有将神像直接贴在墙上的。有的神像只画灶王爷一人，有的则有男女两人，女神被称为"灶王奶奶"，这大概是模仿人间夫妇的形象。灶王爷自上一年的除夕以来就一直留在家中，以保护和监察一家。到了腊月二十三灶王爷便要升天，去向天上的玉皇大帝汇报这一家人的善行或恶行，玉皇大帝根据灶王爷的汇报，再将这一家在新的一年中应该得到的吉凶祸福的命运交与灶王爷之手。因此，对一家人来说，灶王爷的汇报实在具有重大利害关系。古传腊月二十四，"灶君朝天欲言事。云车风马小流连，家有杯盘丰典祀。猪头烂熟双鱼鲜，豆沙甘松粉饵圆。男儿酌献女儿避，酹酒烧钱灶君喜。婢子斗争君莫闻，猫犬触秽君莫嗔，送君醉饱登天门，勺长勺短勿复云，乞取利市归来分"。请灶王吃吃喝喝，贿赂灶神，让他醉饱上天，不要议论人间短长，回来时最好带点儿钱来分分，祭灶不仅是为了免灾，更重要的是为了祈福。穷人家祭灶比较简单，"灶王爷本姓张，一碗凉水三炷香"，祭灶要摆放凉水、草棍（这两样是给灶王爷的马预备的），还必须要有糖瓜、关东糖。祭祀完毕之后烧掉灶王像，再贴上新的灶王像，并且贴上"上天言好事，下界保平安"的对联。祭祀完毕，全家人分食关东糖。

二十四扫房子

二十四扫房子

举行完"灶祭"之后，人们便正式地开始做迎接过年的准备了。每年从农历腊月二十三起到除夕止，民间把这段时间叫作"迎春日"，也叫"扫尘日"。扫尘就是年终大扫除，在春节前扫尘是我国人民素有的传统习惯。"腊月二十四，掸尘扫房子"的风俗由来已久。据《吕氏春秋》记载，我国在尧舜时代就有春节扫尘的风俗。《吕览法》称："岁除日，击鼓驱病疫鬼，谓之逐除，亦曰木难。"后来，逐渐演变为年终的卫生大扫除了。到了唐代，"扫年"之风盛行。宋代吴自牧《梦粱录》记载："十二月尽，俗云月穷岁尽之日，谓之除夜，士庶家不论大小家，俱洒扫门闾，去尘秽，净庭户，换门神，挂钟馗，钉桃符，贴春牌，以祈新岁之安。"按民间的说法：因"尘"与"陈"谐音，新春扫尘有"除陈布新"的含义，其用意是要把一切"穷运""晦气"通通扫出门去，在新的一年里迎来幸福吉祥，这一习俗寄托着人们破旧立新的愿望和辞旧迎新的祈求。

在北京到了腊月二十四这一天，家家户户都要打扫环境，清洗各种器具，拆洗被褥窗帘，洒扫庭院，掸拂尘垢蛛网，疏浚明渠暗沟。扫房之后，全家就要开始筹办年货了，请香蜡纸码、供品，写对联、剪窗花、买挂钱、年画、鞭炮……到处洋溢着欢欢喜喜搞卫生、干干净净迎新春的气氛。打扫卫生，要注意戴口罩、帽子和眼镜。扫尘后要及时更衣。医学上认为，立春后气候转暖，万物复苏，害虫也开始滋生。所以，赶在春节前大扫除有助于预防传染病、流行病。既有益身体健康，又增添了辞旧迎新的节庆气氛。

二十五 糊窗户

二十五糊窗户

腊月二十五是中国农历的十二月（又称腊月）二十五的俗称，是春节传统习俗之一。岁末年终，人们有了闲暇与积蓄，对于平时难得有精力操办大事的人来说，这是一个好时机。因此，人们根据现实生活需要，发明了这一特殊的时间民俗。在传统社会里，民众生活秩序是依赖着民俗进行调节的。民谚有"二十五，糊窗户"的说法，即腊月二十四扫完尘，二十五就该糊窗户了。"糊窗户"是指旧时过年时要重新买些高丽纸，把窗户糊得白白净净的。早年间，北京市民住的都是平房，窗户是花格的木棂窗，要糊上窗户纸以阻挡风尘的侵袭。在糊窗户时，要把原来的窗户纸全部撕掉，即使是没破的也要撕掉，全部换上新的窗户纸。再贴上春联、福字、窗花和有吉祥图案的剪纸，这样过年的气氛就特别浓了。其中，贴春联习俗来历久远，最早的雏形是古代的桃符。据说，战国时每逢过年，人们用桃木板刻上镇妖降鬼的大神"神荼"和"郁垒"的名字，悬挂于门旁，谓之"桃符"。后来，桃符的内容书写成对仗的条幅，从此，桃符演变成春联。随着社会发展，现在多数人家已失去糊窗户的传统，但贴窗花、贴"福"字、挂对联还依旧保留着。总之，这些民俗都是人们祈福旺来年的心愿的表达方式。

二十六割年肉

二十六割年肉

俗话说"腊月二十六，杀猪割年肉"，说的是这一天主要筹备过年的肉食。杀猪，当然是杀自家养的猪；割肉，是指没养猪的人家到集市上去买过年吃的肉。将"割年肉"放入年谣是因为农耕社会经济不发达，人们往往在年节中才能吃到肉，故此称为"年肉"。"割年肉"是采购年货的代名词，"年货"以各种吃食为主，除去必须要吃的猪羊牛肉之外，需要采购的还包括烟、酒、糖、茶、鱼、虾等，这些都是过年必备的东西。即使再穷的人家，过年也要买上一点儿肉，吃上一顿饺子。老北京人过春节时吃的菜馔，因民族、宗教信仰和生活习惯的不同而有所不同，各有其特点。"割年肉"主要是猪肉、羊肉和牛肉。一般人家买猪肉有三种吃法：一是吃四喜丸子，象征和谐圆融，家庭团聚；二是吃米粉肉，咸鲜带甜，肉烂米香；三是红烧肉炖鸡蛋。炖这种肉特别有讲究，当肉炖到七八成熟的时候，将预先煮好的鸡蛋剥去皮，放入锅内与肉一起炖，直至肉烂为止。肉熟后，鸡蛋已成暗红色，红烧肉的香味已渗入蛋内，吃起来特别香。炖肉的时候还可以放入宽粉条和海带、土豆，来个一锅烩——肉、蛋、菜全齐，叫作圆圆满满。年禧歌谣中还有"二十六，洗福禄"和"二十六，除污垢"的说法，"除污垢"就是要把水壶中的水碱、烟袋锅和烟袋管中的烟油、金属日用品上的铜锈、铁锈都用炉灰面擦一遍，擦得亮亮堂堂，"擦"出福气喜兴。吃"年肉"必须要吃红烧肉，因为肉代表富裕，红烧肉表示来年日子红火。

二十七杀公鸡

二十七杀公鸡

在北京有句俗话"打一千,骂一万,全凭三十晚上这顿饭",人们过年的吃食一定要丰盛,特别是大年三十晚上的这顿饭是全年中最丰盛的,可谓是"食不厌精,脍不厌细"。民谣中有"二十七,杀公鸡"之说,在丰盛的饮食之中,讲究吃"鸡鸭鱼肉",而"鸡"排在首位,因而"鸡"是餐桌上必不可少的。养鸡的人家要杀鸡做菜吃,不养鸡的人家也要买上一两只鸡来吃。杀鸡一般都是杀公鸡,人们很少杀母鸡,母鸡是用来下蛋的,老母鸡肉除了孕妇吃,旁的人吃了,对身体没什么营养,它的肉也不香,挺柴的。公鸡肉就不同了,它光吃食不下蛋,闲着没事还在鸡群里争风吃醋,打架斗殴,公鸡的肉远比母鸡要鲜嫩得多。还有人专门喜欢吃童子鸡,没有交配过的小鸡仔,吃着更香。"二十七,杀公鸡",虽然也是忙活年饭,这里面却隐藏着父系社会的特征。为什么一定是公鸡呢?母鸡难道就不行吗?很少有人思考这个问题,深究起来就会明白,在以男子为主导的父系社会,人们的潜意识里已经认同了"男子为大"的观点,认为雄的就好,就是第一。而过年这么隆重的节日,自然也就要宰一只公鸡了,而且公鸡本身就很漂亮,雄赳赳的显着气派。杀公鸡是为了吃,要吃鸡也有讲究,二十七这天宰好炖熟的公鸡要在除夕的盛宴上才能登场,而且是整只鸡盘在一个碟子里摆放在桌子中间,盛宴上是不能将其拆解成一碗鸡块,在餐桌上是一只大鸡,"鸡"与"吉"谐音,这是为了取一个好口彩,叫作"大吉大利",表达了人们企求吉祥的心愿。

二十八把面发

二十八把面发

"二十八,把面发"。北京人过年不兴动火,要提早发面蒸馒头。几乎要把一个正月吃的干粮都预备出来,再做出炖肉、炸丸子等几盆子菜来,就不用每天做饭了,腾出工夫去厂甸、东岳庙、白云观等各处逛庙会和游玩。二十八这天就发面,准备正月初一到初五的主食。蒸馒头要发面,一般都是提前一天发,然后盖上棉被子,保持温度,促其快发。二十八这天,早早地吃过早饭,然后就开始蒸馒头了。馒头的好坏主要看其颜色和味道,面揉好后第一轮是蒸枣馒头的。将每一个馒头揉好后,在上面用两个手指掏一个小洞,然后插入一块切好的枣肉,再在四面也这样做,整个馒头上有五块枣肉,象征年年有"福"。蒸面食花样有佛手、金鱼、小兔子、小刺猬、鲤鱼、猪头、宝葫芦等,都是活灵活现的,此外还有花卷、豆包和馒头,这些东西一般要做一整天。馒头一定要蒸好,这可是家里的"脸面"。因为在过去,精心准备好的馒头是要摆上供桌的,等到大年初一有人拜年时,就会对着馒头"品头论足",因此,馒头一定要做得又好看又好吃,这才有面子,也才吉利,更会受到人们的重视。为什么这时候一定要"把面发",蒸馒头呢?除去了发面馒头容易保存之外,还有一种美好的寓意在内,"把面发"重在一个"发"字,取其谐音,讨个口彩,在新的一年里,家里的日子升发,事业发达。蒸馒头重在一个"蒸"字,也是为了讨个口彩,在新的一年里,家里的日子"蒸蒸日上",越过越好。

二十九贴道酉

二十九贴道酉

"二十九，贴道酉"。这是老北京过年的一大习俗。何为道酉？"道酉"亦作"道有"，是民间新年吉祥的符号。道：万物之源；酉：禾谷富余；有：财富、富裕。过年贴道酉的民俗始于宋代，当时就有了"腊月二十九，家家贴道酉"的民谚。旧时过年在器物上贴的"道酉"，是一种用黄裱纸砸成的小幅黄钱，长三寸，宽两寸，下端剪成两个斜尖，成燕尾形，共砸上九个小圆钱，另用红纸剪成一小方块，涂上金粉再印"福"字，贴在上端。过年时，商家的幌子、钱柜，居民的器物，甚至马车、生产工具上都贴。牛羊的角上，猪、驴、马、骡的耳朵上也要贴。从腊月二十九开始在除夕夜入夜之前，家里的一应器物都贴，特别是供奉神龛纸码祖先牌位的两侧都要贴上。到了三十晚上随着午夜把祭神的钱粮一起焚烧升天。后来这一习俗逐步转化，贴道酉的年俗就变成贴"福"字、吊钱、窗花和春联了。这其中的"窗花"和"吊钱儿"是民间剪纸的内容。窗花和吊钱，常见的内容是反映求福、迎财和吉祥、增寿等寓意。如"五福临门""聚宝盆""招财进宝""吉祥如意""金玉满堂""福寿康宁"等图案；也有以吉祥语"合家欢乐""四季平安"等为中心，以万字和圆钱为衬底构成图案；有的用吉祥人物老寿星、八仙人等图案代替吉祥话；也有的在双鱼图案上刻一个"福"字，取"富余"之意；在以"福"字为主的图案上刻一个"有"字，取"有福"之意；还有的将"招财进宝"4个字组成一个字，有大吉大利之意，等等。在剪纸窗花中，最具特色的是"肥猪拱门"，此图案多用黑、红、黄等色蜡光纸套刻的形式体现。

老北京风情系列

三十晚上守一宿

三十晚上守一宿

老北京有在除夕守岁的习惯。守岁从吃年夜饭开始,这顿年夜饭要慢慢地吃,从掌灯时分入席,有的人家一直要吃到深夜。通宵守夜,象征着把一切邪瘟病疫照跑驱走,期待着新的一年吉祥如意。这种习俗后来逐渐盛行,到唐朝初期,唐太宗李世民写有"守岁"诗:"寒辞去冬雪,暖带入春风。"古时守岁有两种含义:年长者守岁为"辞旧岁",有珍爱光阴的意思;年轻人守岁,是为延长父母寿命。自汉代以来,新旧年交替的时刻定为夜半时分,普天下人都盼望着新年零点的到来。守岁的习俗,既有对如水逝去的岁月含惜别留恋之情,又有对来临的新年寄予美好希望之意。古人在一首《守岁》诗中写道:"相邀守岁阿戎家,蜡炬传红向碧纱;三十六旬都浪过,偏从此夜惜年华。"珍惜年华是人之常情,故大诗人苏轼写下了《守岁》名句:"明年岂无年,心事恐蹉跎;努力尽今夕,少年犹可夸!"由此可见,除夕守岁的积极意义。年三十守岁,俗名"熬年"。相传,在远古的洪荒时代,有一种凶恶的怪兽,人们叫它"年"。每到大年三十晚上,年兽就要从海里爬出来伤害人畜,毁坏田园,降灾于辛苦了一年的人们。人们为了躲避年兽,腊月三十晚上,天不黑就早早关紧大门,不敢睡觉,坐等天亮,为消磨时光,也为壮胆,他们就喝酒。等年初一早晨年兽不再出来,才敢出门。后来人们知道了"年兽"怕红、怕光、怕响声,每至年末岁首,家家户户就贴红纸、穿红袍、挂红灯、敲锣打鼓、燃放爆竹,这样年兽就不敢再来了。

祭祖

祭祖

祭祀先祖是春节期间一项隆重的民俗活动。除夕到来之前，家家户户都要把家谱、祖先像、牌位等供于家中上厅，安放供桌，摆好香炉、供品，有的人家在祭祖的同时还祭拜神灵。供品有羊、五碗菜、五色点心、五碗饭、一对枣糕、一个大馒头，俗称"天地供"。由家长主祭，烧三炷香，叩拜后，祈求丰收，最后烧纸，俗称"送钱粮"。人们在春节期间祭祀祖先、叩拜神灵，其实就是给祖先、诸神拜年。中国人有慎终追远的传统，过节总不会忘记祭拜死去的先人，春节也不例外。供奉食物或鲜花以表心意是中国普遍采用的仪式，祭祖的形式或许因宗教信仰而不同，但纪念祖先的意义却是相同的。按照民间的观念，自己的祖先和天、地、神、佛一样是应该认真顶礼膜拜的。因为列祖列宗的"在天之灵"，时时刻刻在关心和注视着后代子孙们，尘世的人要通过祭祀来祈求和报答他们的庇护和保佑。春节时必须祭祖，缅怀自己的祖先，激励后人。

在北京祭祖是在家中进行，时间多是在除夕晚饭前后，民间称之为"接老祖宗回家过年"。因为传说死者的魂灵不能在白天行动，所以要等天黑以后进行，以满族人家的做法比较典型。先将香炉、香筒、烛台摆放在西炕上或箱盖上，将族谱请出打开，挂在西墙上，开始上香摆供，全家大小依次磕头行礼。所摆的供品一般是面食和水果之类，每个白面馒头上面点一个红色的圆点，每两个平面相合摆在一起为一组，一般是三至五级，各盛放在白色瓷盘当中。这些供品一直摆到正月初五，而且从初一到初五每天早晚两次在祖先神位前上香，直到初五晚上行礼后把"老祖宗"送走，才将谱单或牌位收归原处。

团圆饭

团圆饭

年夜饭又称团圆饭,根据宗懔《荆楚岁时记》的记载,至少在南北朝时已有吃年夜饭的习俗。家庭是社会的基石,一年一度的团圆饭充分表现出中华民族家庭成员的互敬互爱,这种互敬互爱使一家人之间的关系更为紧密。孩子们在玩耍放爆竹的时候,也正是主妇们在厨房里最忙碌的时刻,年菜都在前几天做好了,而年夜饭总要在年三十当天掌厨做出来。在北方,大年初一的饺子也要在三十晚上包出来。这时家家的砧板都在噔噔噔地忙着剁肉、切菜。此时,家家户户传出的砧板声,大街小巷传出的爆竹声,小店铺子传出的"噼噼啪啪"的算盘声和抑扬顿挫的报账声,再夹杂着处处的说笑声,此起彼伏,洋洋盈耳,交织成除夕欢快的乐章。在这"一夜连双岁,五更分二年"的晚上,家人团圆,欢聚一堂。全家人围坐在一起,茶点瓜果放满一桌。大年摆供,苹果一大盘是少不了的,这叫作"平平安安"。在北方,有的人家还要供一盆饭,年前烧好,要供过年,叫作"隔年饭",是年年有剩饭,一年到头吃不完,今年还吃昔年粮的意思。这盆隔年饭一般用大米和小米混合起来煮,北京俗话叫"二米子饭",是为了有黄有白,这叫作"有金有银,金银满盆"的"金银饭"。不少地方在守岁时所备的糕点瓜果,都是想讨个吉利的口彩:吃枣(春来早),吃柿饼(事事如意),吃杏仁(幸福人),吃长生果(长生不老),吃年糕(一年比一年高)。除夕之夜,一家老小,边吃边乐,谈笑畅叙。

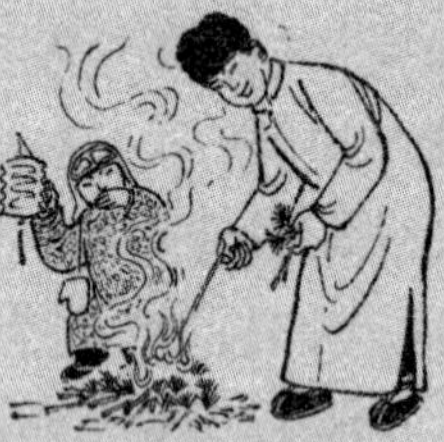